PIANO • VOCAL • GUITAR

THE BEST R&B SONGS EVER

ISBN 0-7935-7263-0

7777 W. BLUEMOUND RD. P.O. BOX 13819 MILWAUKEE, WI 53213

Visit Hal Leonard Online at
www.halleonard.com

CONTENTS

AFTER THE LOVE HAS GONE

Words and Music by DAVID FOSTER,
JAY GRAYDON and BILL CHAMPLIN

we paid no mind _ to the past, _ we knew love would last. _ Ev - 'ry
We tried to find _ what we had _ 'til sad - ness was all we

night _ some-thin' right would in - vite _ us to _ be - gin _ the dance. _
shared. _ We were scared this af - fair _ would lead _ our love _ in - to... _

To Coda

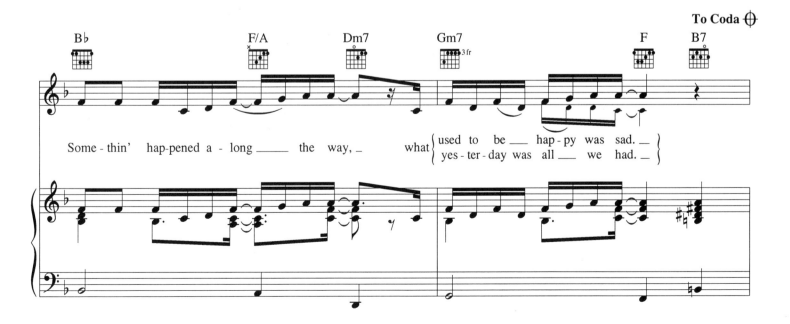

Some - thin' hap-pened a - long _ the way, _ what { used to be _ hap-py was sad. _ }
                                                   { yes - ter-day was all _ we had. _ }

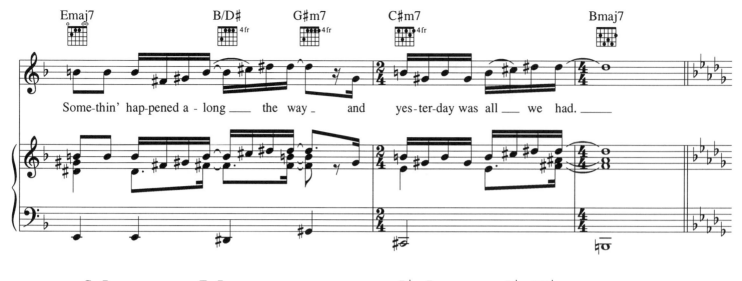

Some-thin' hap-pened a - long ___ the way ___ and yes-ter-day was all ___ we had. ___

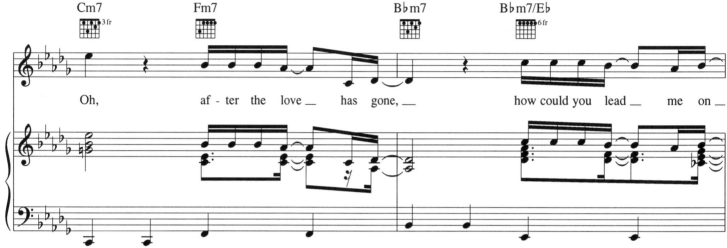

Oh, af - ter the love ___ has gone, ___ how could you lead ___ me on ___

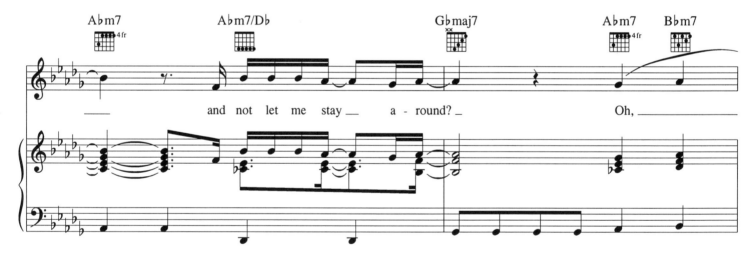

___ and not let me stay ___ a - round? ___ Oh, ___

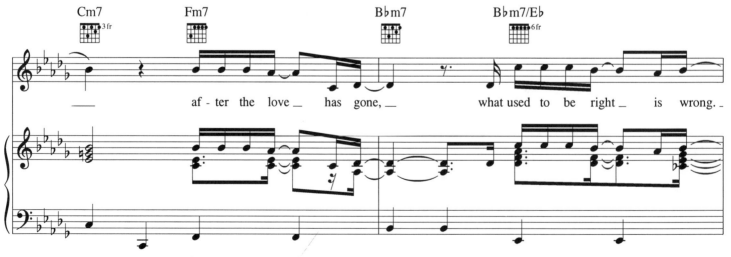

___ af - ter the love ___ has gone, ___ what used to be right ___ is wrong. ___

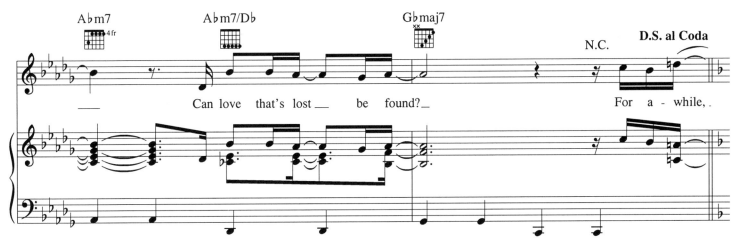

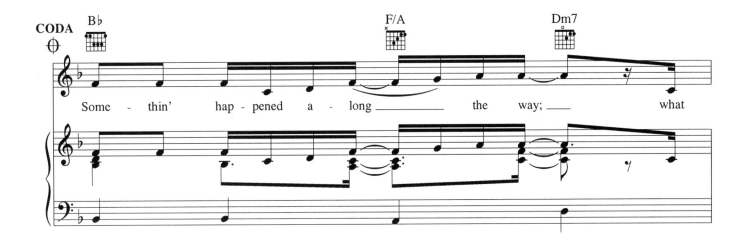

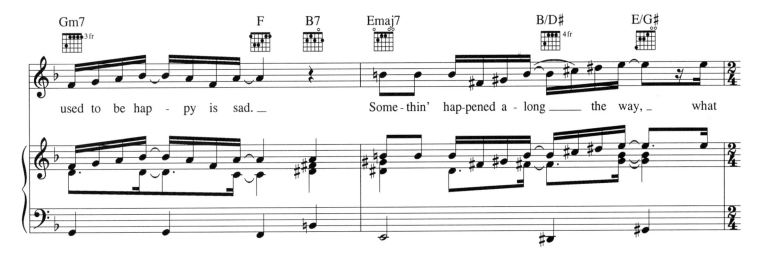

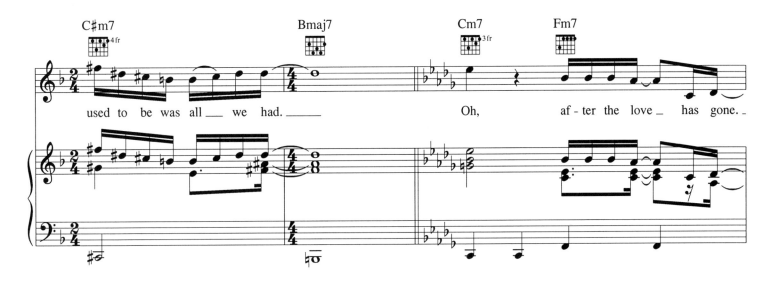

how could you lead __ me on __ and not let me stay __ a - round? __

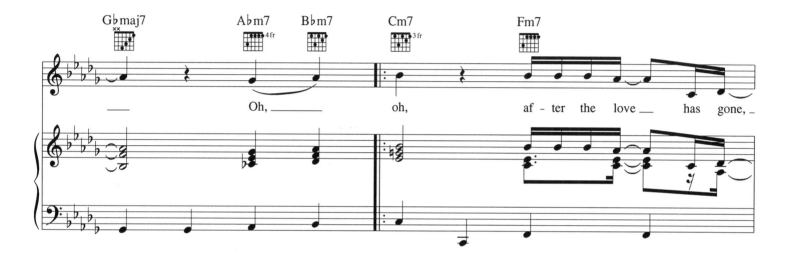

__ Oh, _____ oh, af - ter the love __ has gone, __

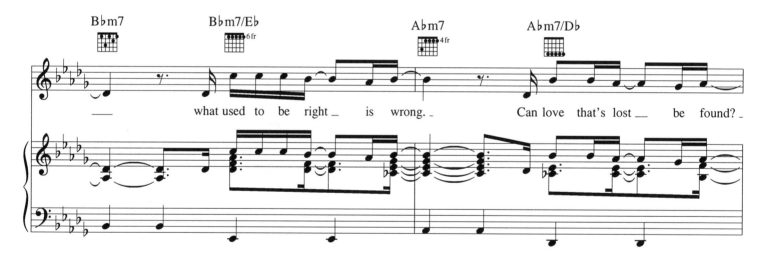

__ what used to be right __ is wrong. __ Can love that's lost __ be found? __

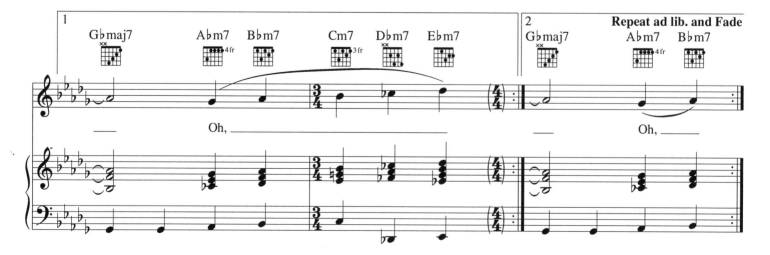

__ Oh, _____

Repeat ad lib. and Fade

__ Oh, _____

Ain't No Woman
(Like the One I've Got)

Words and Music by DENNIS LAMBERT
and BRIAN POTTER

MCA music publishing

13

Baby Love

Words and Music by BRIAN HOLLAND,
EDWARD HOLLAND and LAMONT DOZIER

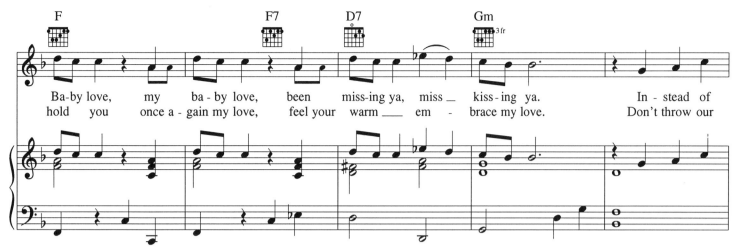

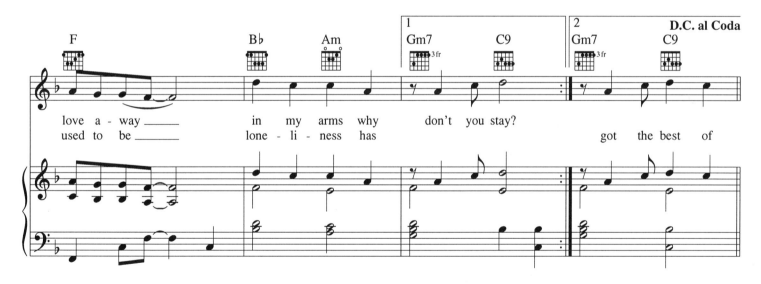

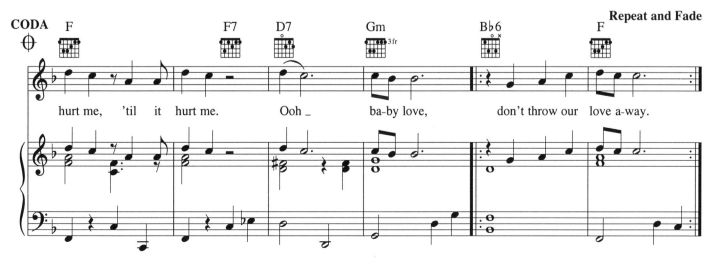

BERNADETTE

Words and Music by BRIAN HOLLAND,
LAMONT DOZIER and EDWARD HOLLAND

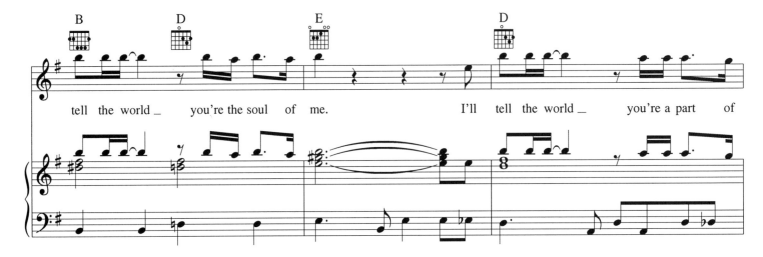

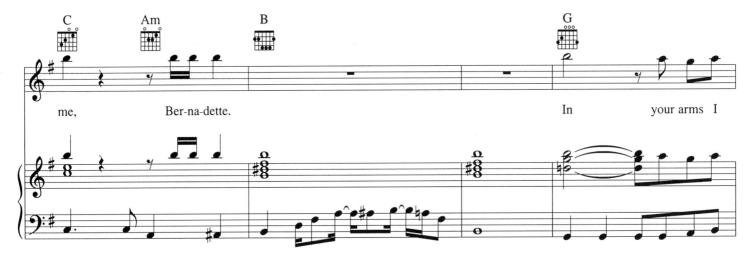

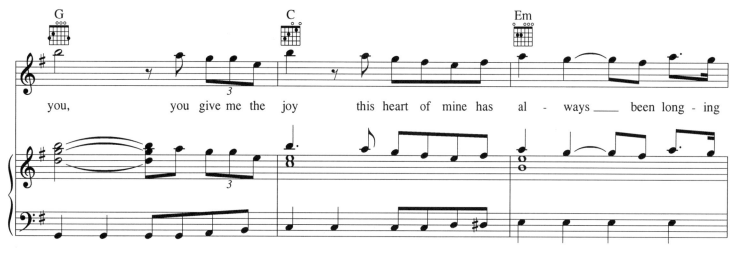

you, you give me the joy this heart of mine has al - ways ___ been long - ing

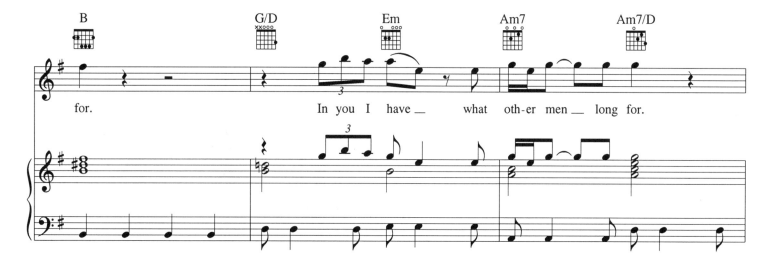

for. In you I have ___ what oth-er men ___ long for.

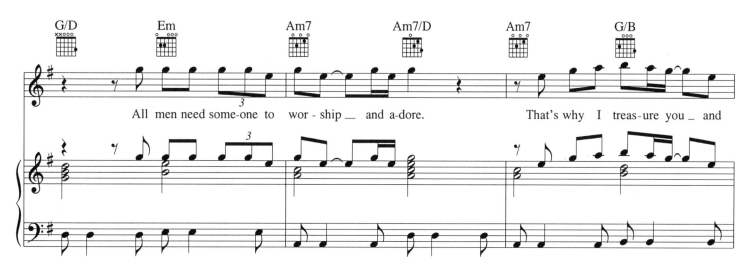

All men need some-one to wor - ship ___ and a-dore. That's why I treas-ure you ___ and

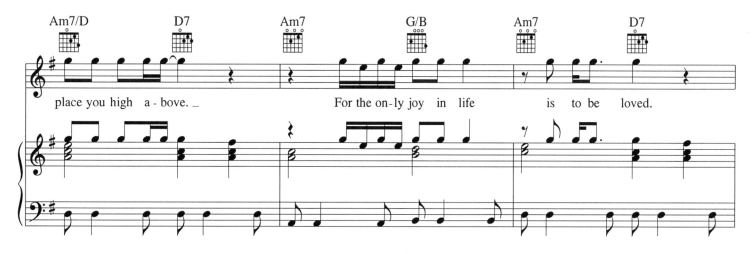

place you high a - bove. ___ For the on-ly joy in life is to be loved.

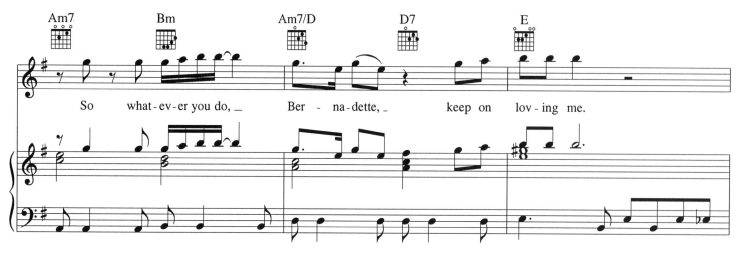

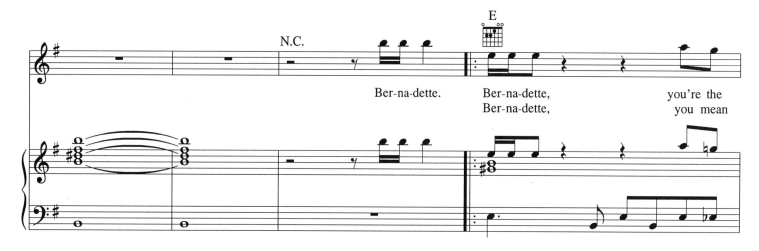

THE BIRDS AND THE BEES

Words and Music by
HERB NEWMAN

Let me tell ya 'bout the birds and the bees and the flow - ers and the trees and the

moon up a - bove and a thing__ called love _____

Let me tell ya 'bout the stars in the sky and a girl and a guy and the

BEST OF MY LOVE

Words and Music by MAURICE WHITE
and AL McKAY

With moderate movement

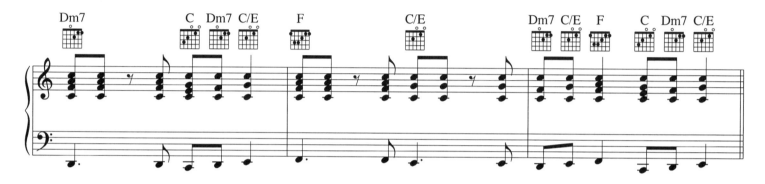

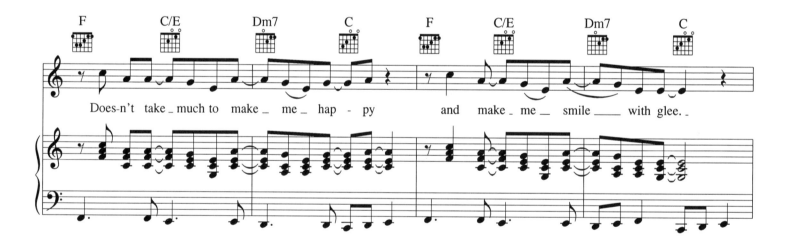

Does-n't take _ much to make _ me hap - py and make _ me _ smile ____ with glee. _

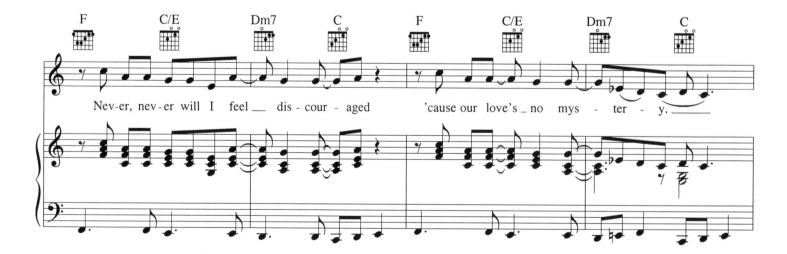

Nev-er, nev-er will I feel _ dis - cour - aged 'cause our love's _ no mys - ter - y. ____

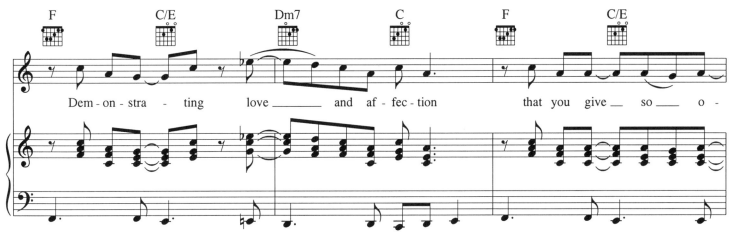

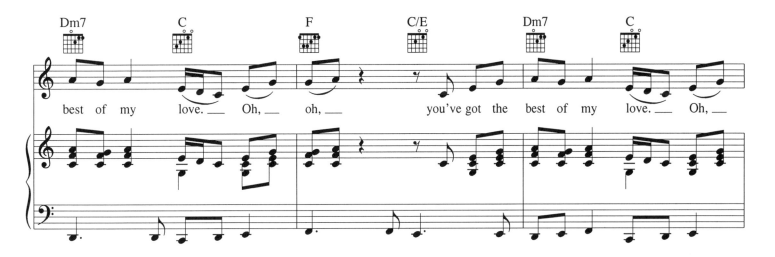

oh, ___ you've got the best of my love. ___ Oh, ___ oh, ___ you've got the

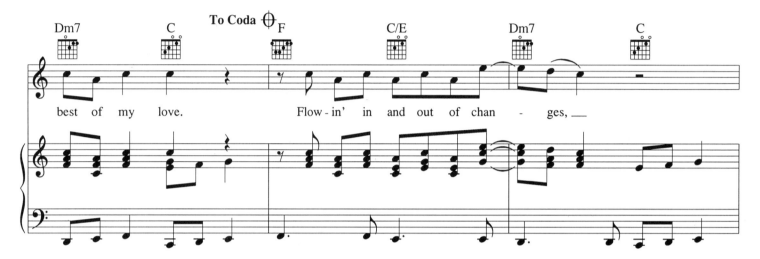

best of my love. Flow-in' in and out of chan - ges, ___

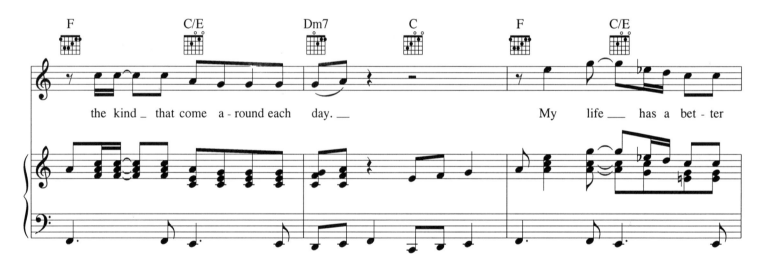

the kind _ that come a - round each day. _ My life _ has a bet - ter

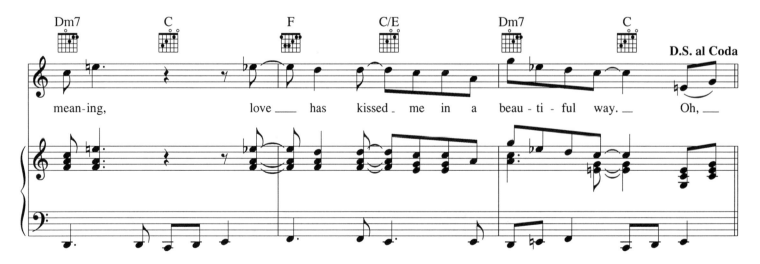

mean-ing, love ___ has kissed _ me in a beau - ti - ful way. _ Oh, ___

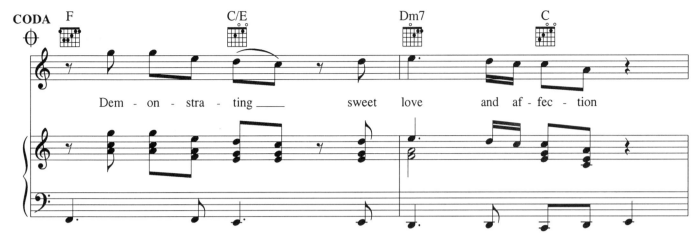

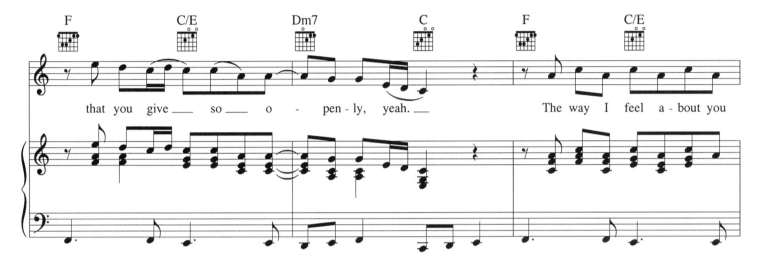

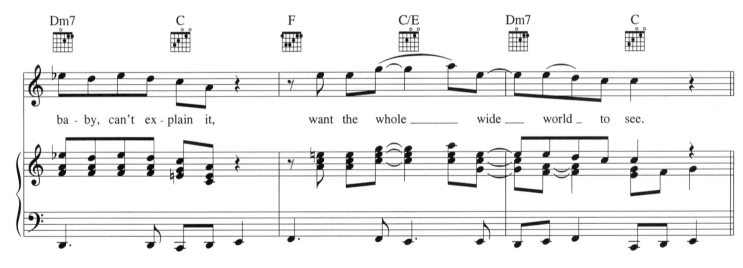

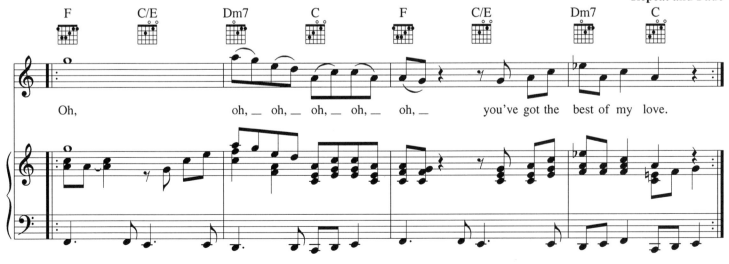

Best Thing That Ever Happened to Me

Words and Music by
JIM WEATHERLY

BLUEBERRY HILL

Words and Music by AL LEWIS,
LARRY STOCK and VINCENT ROSE

BUT IT'S ALRIGHT

Words and Music by JEROME L. JACKSON
and PIERRE TUBBS

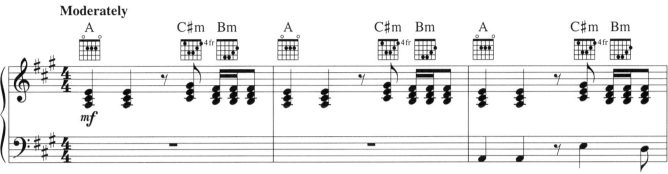

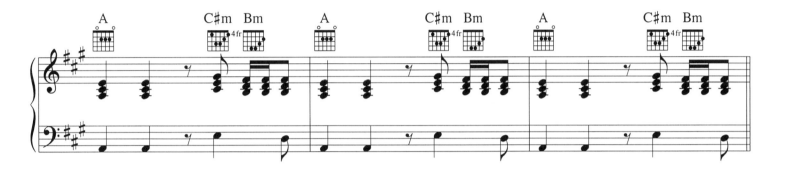

You don't know how I feel. ___ You'll
One ___ day you'll see ___ you'll
There's one thing I wan - na say, you'll

nev - er know ___ how I feel. ___
nev - er find ___ a guy like me
meet a guy ___ who'll make you pay,

When I need - ed you to come a - round, _ you'd
who'll love you ___ right both day and night. _ You'll
who will treat you bad and make you sad. ___ And

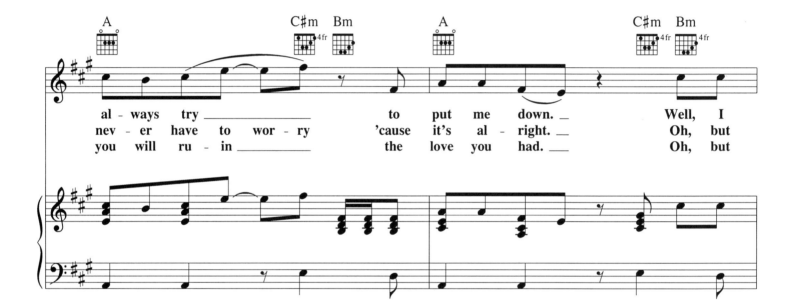

al - ways try _____ to put me down. _ Well, I
nev - er have to wor - ry 'cause it's al - right. _ Oh, but
you will ru - in _____ the love you had. ___ Oh, but

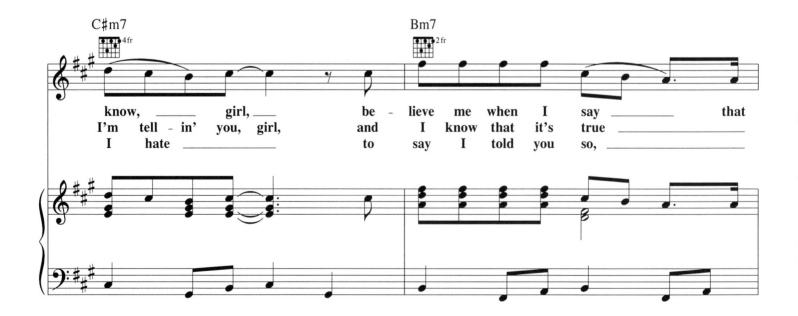

know, _____ girl, ___ be - lieve me when I say _____ that
I'm tell - in' you, girl, and I know that it's true _____ that
I hate _____ to say I told you so, _____

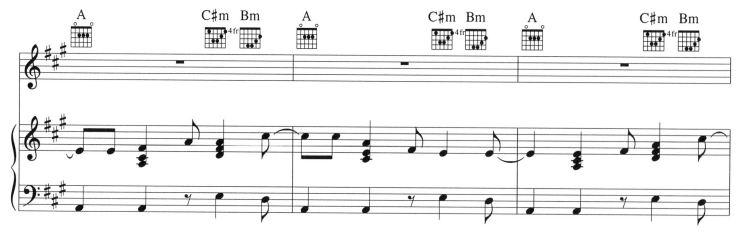

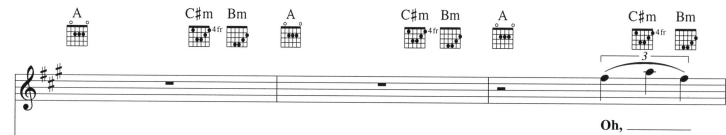

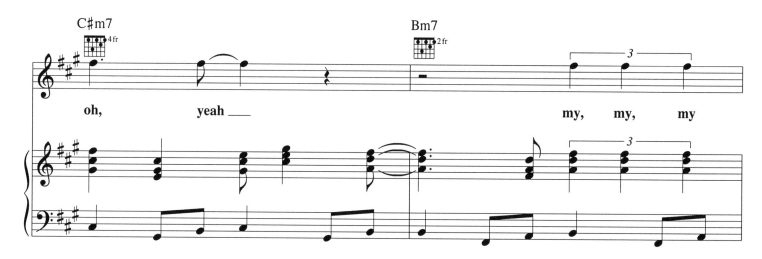

Oh, _____ oh, _____ yeah _____ my, my, my

ba - by, _____ I said _____

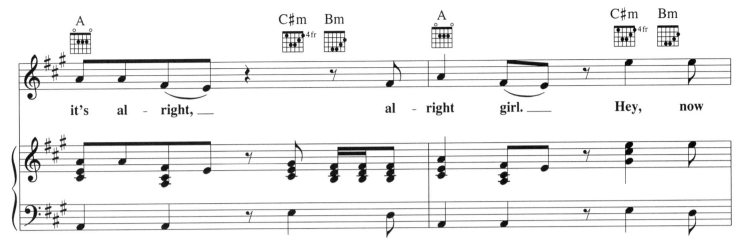

it's al - right, ___ al - right girl. ___ Hey, now

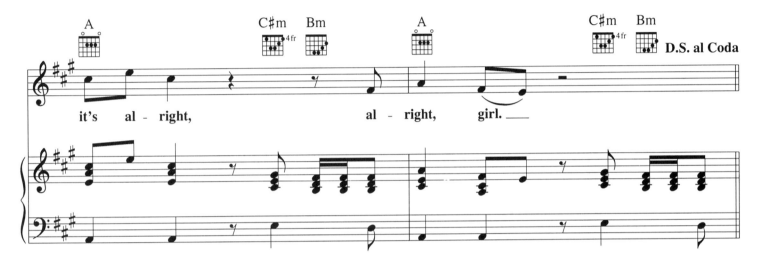

it's al - right, al - right, girl. ___

D.S. al Coda

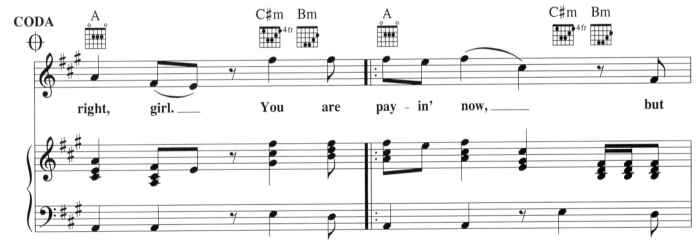

CODA

right, girl. ___ You are pay - in' now, ___ but

Repeat ad lib. and Fade

it's al-right. Good-bye, love, good - bye, girl. _ You're

Dancing in the Street

Words and Music by MARVIN GAYE,
IVY HUNTER and WILLIAM STEVENSON

**Steady rock
no chord**

Call - ing out ___ a round ___ the world, "Are you
in - vi - ta - tion a - cross the na - tion, a

read - y for a brand new beat?" Sum-mer's here, __ and the
chance_ for the folks to meet. _____ There'll be laugh-ing, _ sing -ing, and

time is right ____ for danc - ing ___ in the streets.
mu - sic swing - ing and danc - ing___ in the streets._

___ They're danc - ing in___ Chi - ca - go, ___
___ Phil - a - del -phia P. A., ___

down in New Or - leans, __
Balt - i - more and D. C.,____ now, __

D.S. al Coda

They're danc-ing in the ___ street. ___ Oo. This is an

CODA

danc - ing ___ in the street. Yeah. ___

1-3   4   G#

Ah.   Oh, it does-n't mat-ter

Phil - a - del-phia P. A., ___
Instrumental - Spoken ad lib. names of cities

Balt - i -more   and D. C. ____ **now,** __

And if we get __ **to that Mo - tor Cit - y,**   **Ah,** _

Repeat and Fade

__ **way down** __ **in L. A., Cal - i - for - ni - a.**

Endless Love

Words and Music by
LIONEL RICHIE

EASY

Words and Music by
LIONEL RICHIE

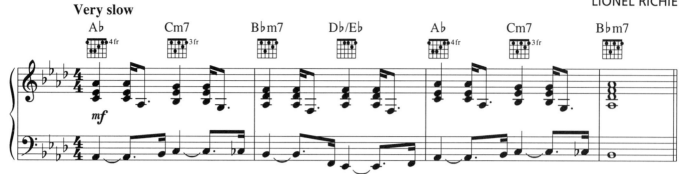

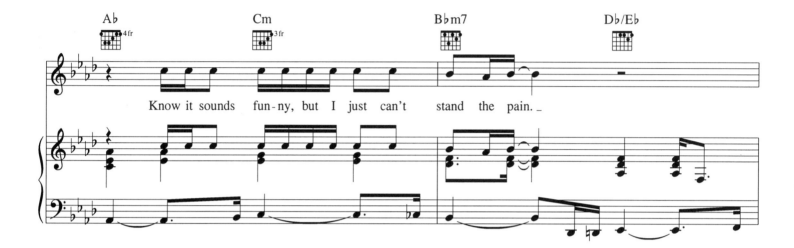

Know it sounds fun-ny, but I just can't stand the pain.

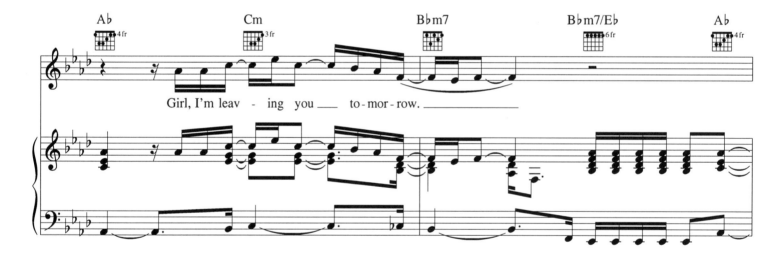

Girl, I'm leav - ing you to-mor-row.

Seems to me, _ girl, you know I've done all _ I can.

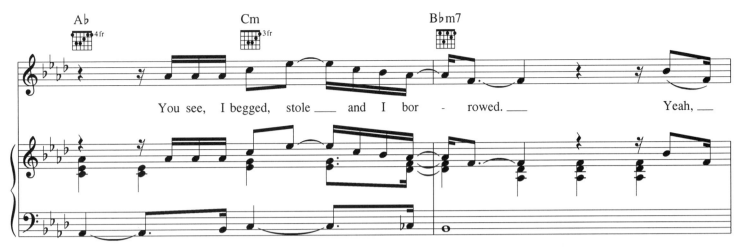

You see, I begged, stole ___ and I bor - rowed. ___ Yeah, ___

ooh. That's why I'm eas - y, ___

(Ah) ___

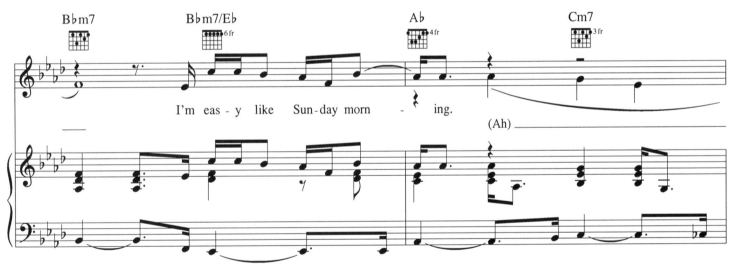

I'm eas - y like Sun - day morn - ing.

(Ah) ___

That's why I'm eas - y.

I'm eas-y like Sun-day morn

ing.   Why in the world _ would an-y-bod-y put chains _

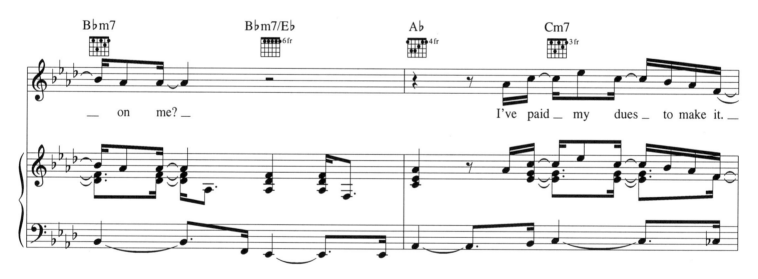

_ on me? _   I've paid _ my dues _ to make it. _

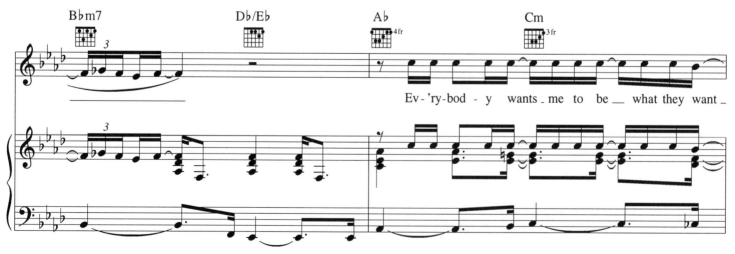

Ev-'ry-bod-y wants _ me to be _ what they want _

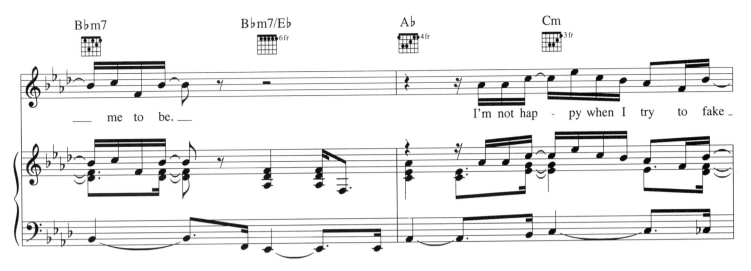

me to be. ___ I'm not hap - py when I try to fake ___

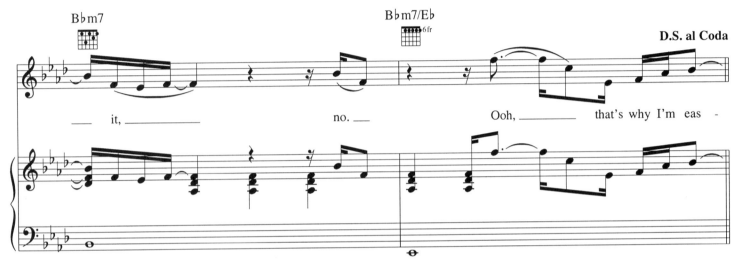

D.S. al Coda

___ it, ___ no. ___ Ooh, ___ that's why I'm eas -

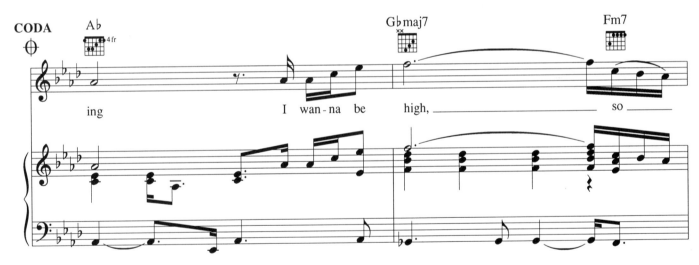

CODA

ing I wan - na be high, ___ so ___

high. I wan - na be free to know ___ the things ___ I do ___ are right. ___

I wan-na be free, ___ just ___

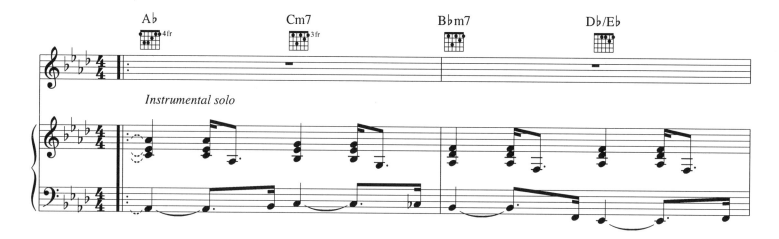

me, oh, ___ babe.

Instrumental solo

Solo ends   That's why I'm eas -

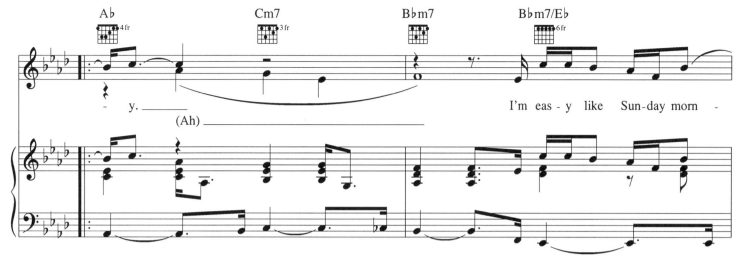

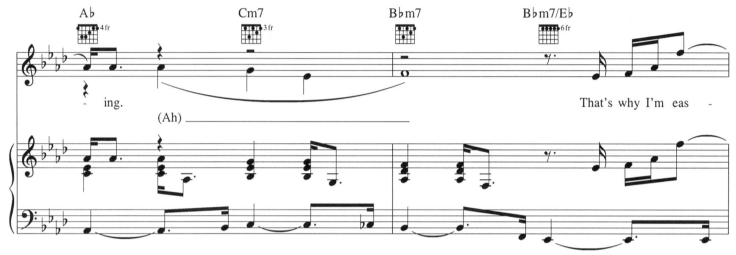

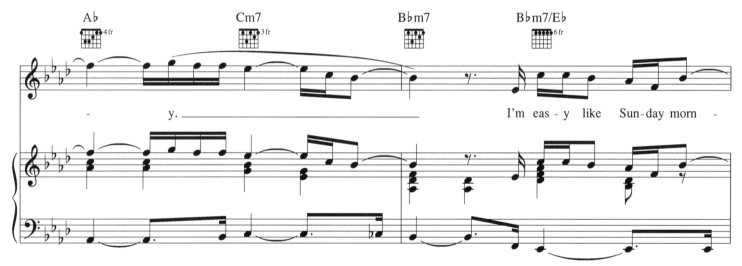

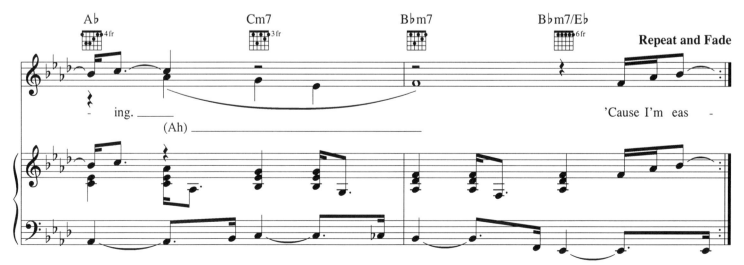

EXHALE (SHOOP SHOOP)

from the Original Soundtrack Album WAITING TO EXHALE

Words and Music by
BABYFACE

He Don't Love You
(Like I Love U)

Words and Music by JERRY BUTLER,
CALVIN CARTER and CURTIS MAYFIELD

Verse:

Fare - thee well _____ I know you're leav - ing,
He us - es all _____ the great quo - ta - tions,
And when the fin - al act is o - ver,

For the new love that you
He says new things I wish I could
And you're left stand - ing all a -

love you, ____ If ____ he ____ did he would - n't

break ____ your ____ heart, He ____ don't ____ love ____ you ____

like ____ I ____ love you, ____ He's ____ try -

ing to ____ tear us ____ a - part. part. ____

FOR ONCE IN MY LIFE

Lyric by RONALD MILLER
Music by ORLANDO MURDEN

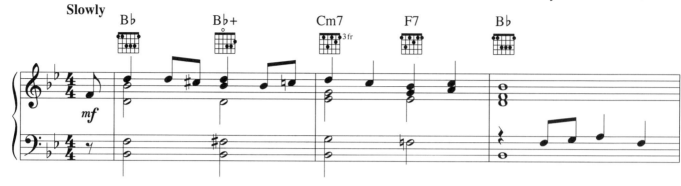

Good - bye, old friend, this is the end of the

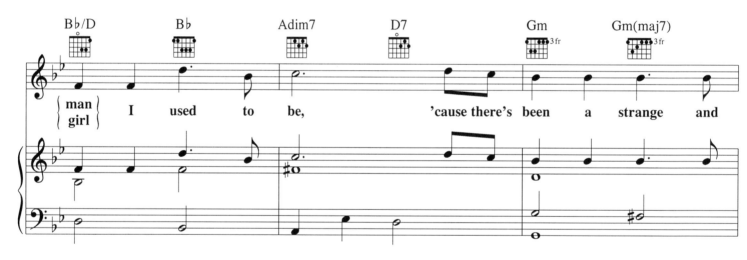

{man girl} I used to be, 'cause there's been a strange and

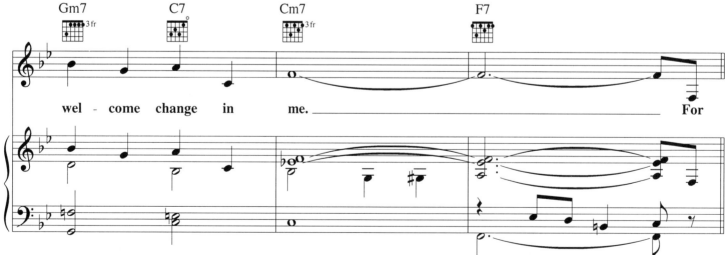

wel - come change in me. _____ For

HERE AND NOW

Words and Music by TERRY STEELE
and DAVID ELLIOT

Hold-ing you close __ through the night, _____ I need __ you. _____

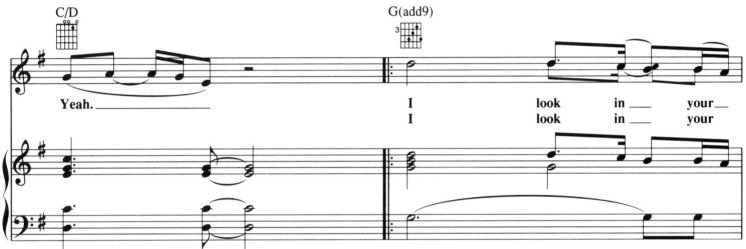

Yeah. _____ I look in __ your __
I look in __ your

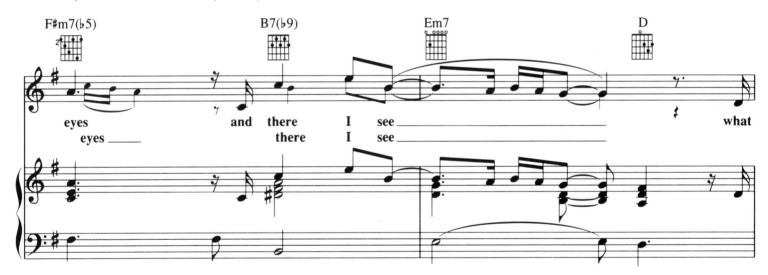

eyes and there I see _____ what
eyes ____ there I see _____

hap-pi-ness real - ly means. ____ The love that __ we
all that a love __ should real - ly be. And I need __ you

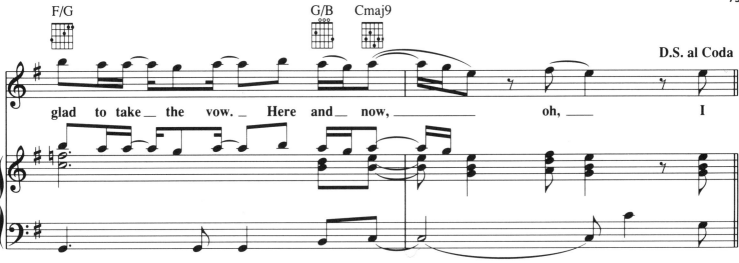

D.S. al Coda

glad to take the vow. Here and now, oh, I

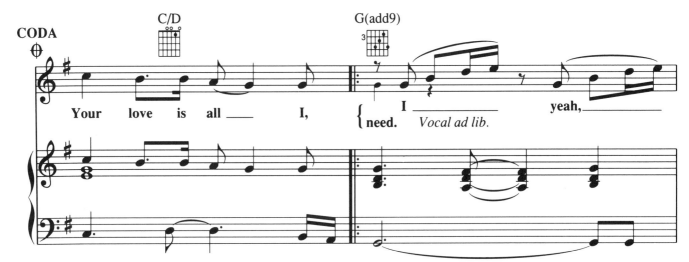

Your love is all I, { I need. *Vocal ad lib.* yeah,

yeah. Uh, yeah. Ay ah, love is all I

last time rit.

Yeah.

I Can Love You Like That

Words and Music by STEVE DIAMOND,
MARIBETH DERRY and JENNIFER KIMBALL

Moderate Ballad

With pedal

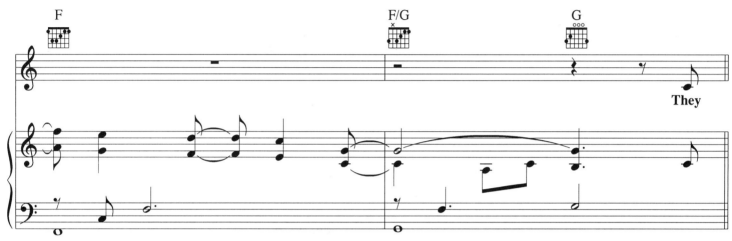

They

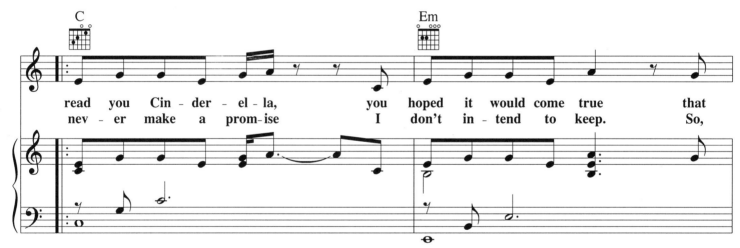

read you Cin-der-el-la, you hoped it would come true that
nev-er make a prom-ise I don't in-tend to keep. So,

one day your Prince Charm-ing would come ___ res-cue you. ___ You
when I say for-ev-er, for-ev-er's what I mean.

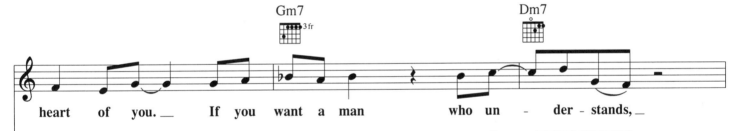

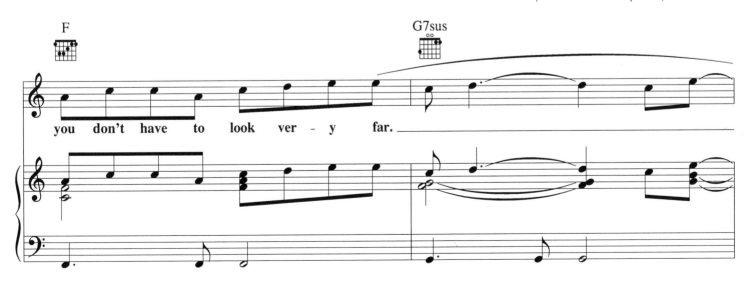

I CAN'T HELP MYSELF
(Sugar Pie, Honey Bunch)

Words and Music by BRIAN HOLLAND,
LAMONT DOZIER and EDWARD HOLLAND

Moderately fast

no chord

Su - gar - pie hon - ey bunch, you know that I
Su - gar - pie hon - ey bunch, I'm weak - er than a

love you. ___ I can't help my - self,
man should be. I can't help my - self,

I love __ you and no - bod - y else. __
I'm a __ fool in love you see. __

Wan - na

In and out my life you come and you go, __
tell you I don't love you, tell __ you that we're through, and I've tried. __

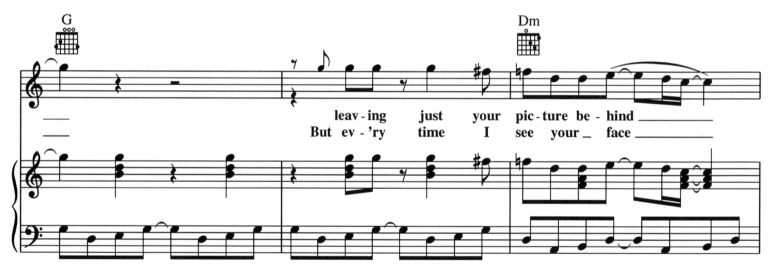

__ leav - ing just your pic - ture be - hind __
But ev - 'ry time I see your __ face __

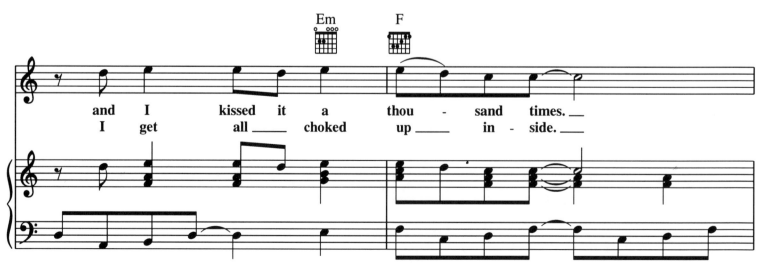

and I kissed it a thou - sand times. __
I get all __ choked up __ in - side. __

When __ you snap your fin-ger or wink your eye __ I come a-
When __

run-ning to you. __ I'm tied __ to your a-pron strings _____

and there's noth-ing _____ that I can do. _____

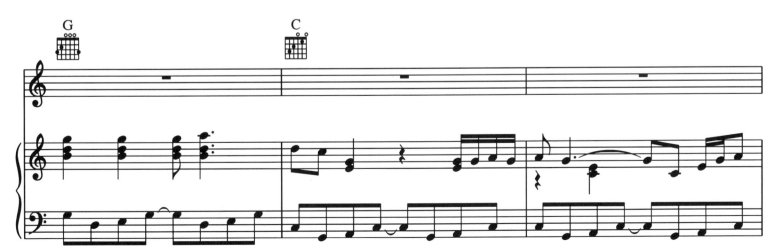

Can't help my - self, __

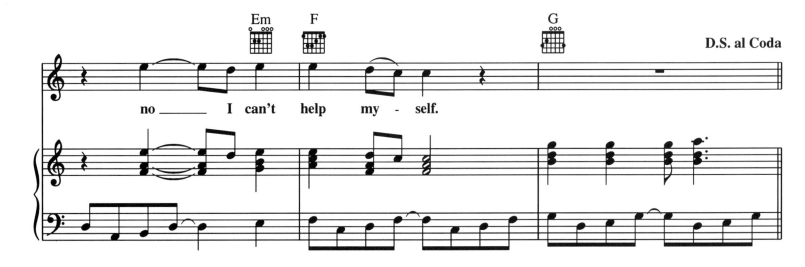

D.S. al Coda

no ____ I can't help my - self.

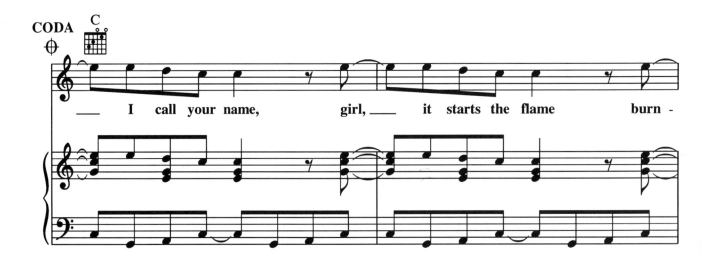

__ I call your name, girl, __ it starts the flame burn -

- ing in my heart, tear - ing it all a - part. No mat -

- ter how I try, my love _____ I can - not hide. 'Cause

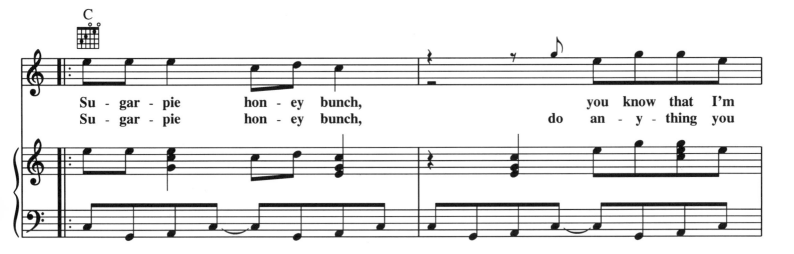

C

Su - gar - pie hon - ey bunch, you know that I'm
Su - gar - pie hon - ey bunch, do an - y - thing you

G

Dm

weak for you. ___ Can't help my - self, _____
ask me to. ___ Can't help my - self, _____

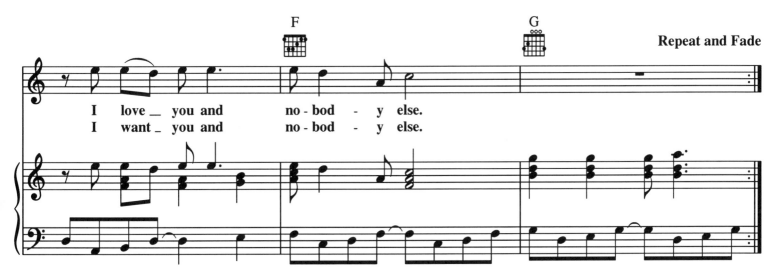

F

G

Repeat and Fade

I love __ you and no - bod - y else.
I want __ you and no - bod - y else.

I Can't Get Next to You

Words and Music by BARRETT STRONG
and NORMAN WHITFIELD

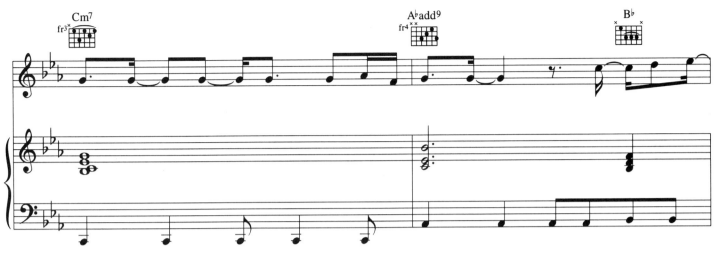

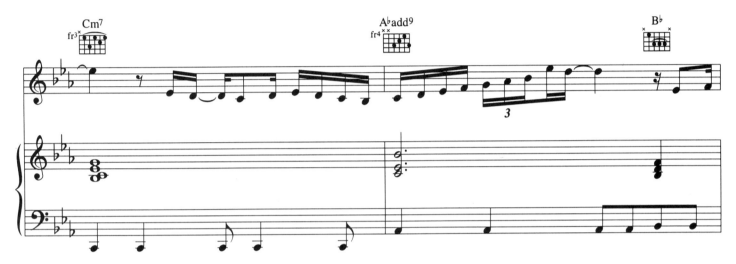

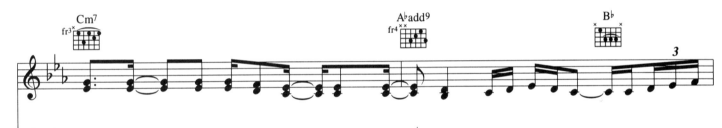

D.%. al Coda

⊕ Coda

man,____ you're the key to my hap-pi-ness, 'cause

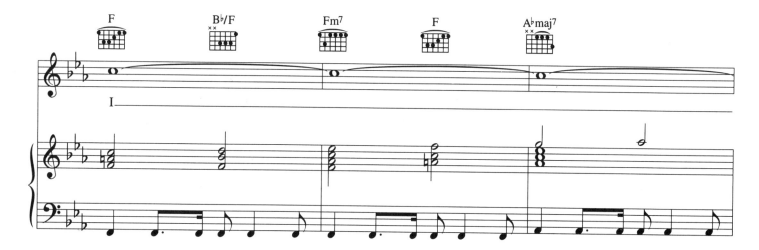

I____

____ can't get____ next to you,____ you're blow-ing my mind____
you,____ it's you that I need____

____ 'cause I can't get____ next to to
____ I got-ta get____ next to to } you. Can't you see these tears I'm cry-

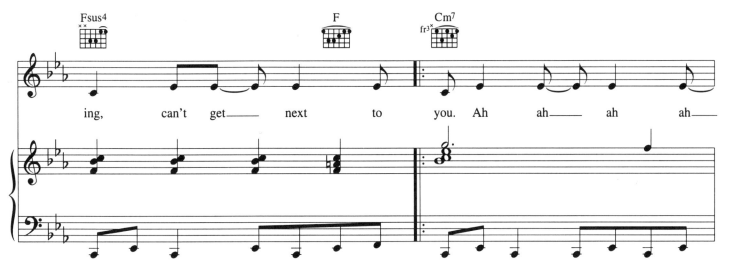

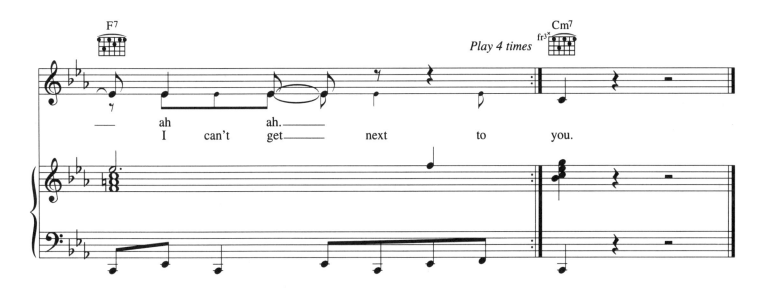

Verse 2:
I can fly like a bird in the sky
And I can buy anything that money can buy.
I can turn a river into a raging fire
I can live forever if I so desire.
I don't want it, all these things I can do
'Cause I can't get next to you.

Verse 3:
I can turn back the hands of time - you better believe I can
I can make the seasons change just by waving my hand.
I can change anything from old to new
The thing I want to do the most I'm unable to do.
I'm an unhappy woman with all the powers I possess
'Cause man, you're the key to my happiness.

I GOT YOU
(I Feel Good)

Words and Music by
JAMES BROWN

Woh! I feel good. _____

I knew that I would _____ now.
Ah, sug-ar and spice. _____

I feel _____ good.
I feel _____ nice.

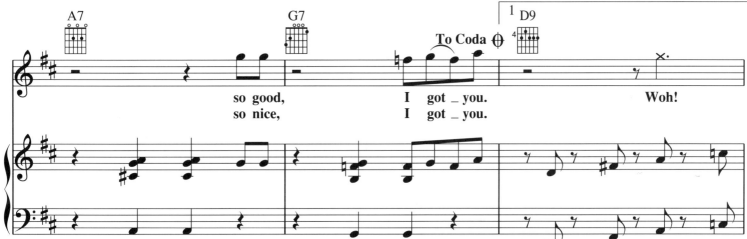

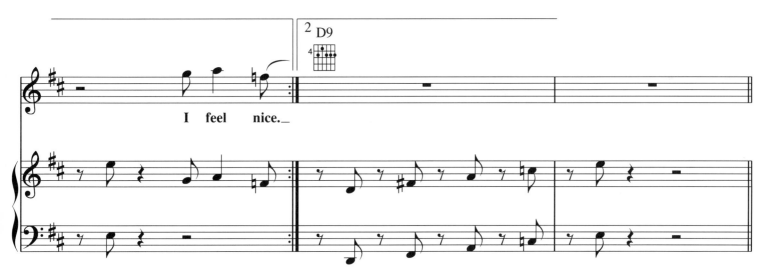

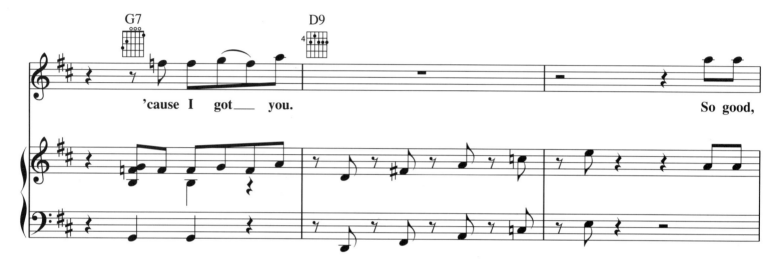

(I Know)
I'M LOSING YOU

Words and Music by CORNELIUS GRANT, NORMAN WHITFIELD
and EDWARD HOLLAND

Moderately bright

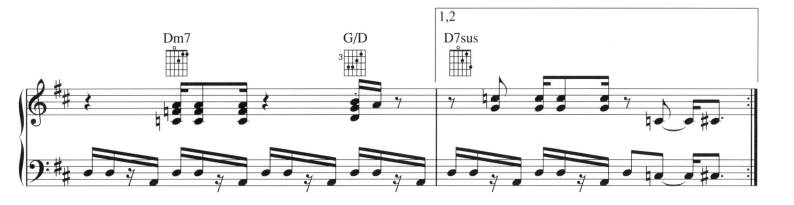

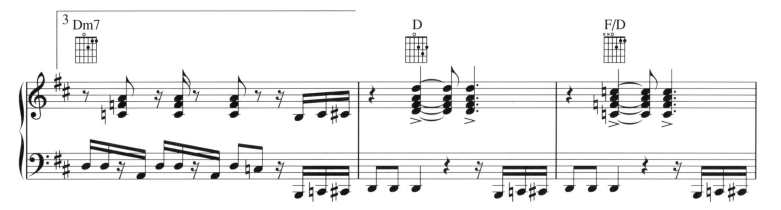

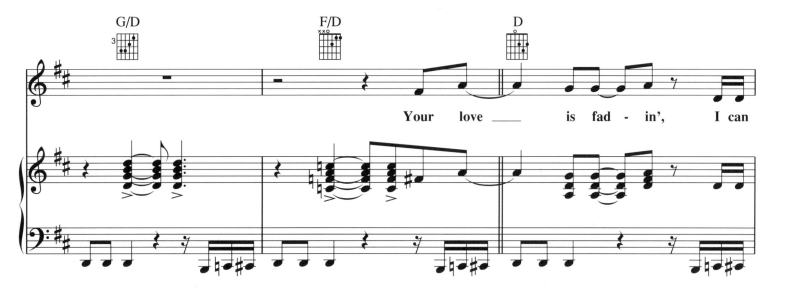

Your love _____ is fad-in', I can

I Heard It Through the Grapevine

Words and Music by NORMAN WHITFIELD
and BARRETT STRONG

Moderately

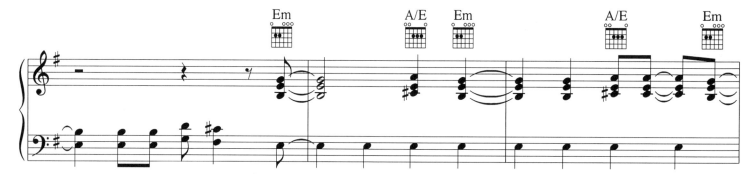

Mm. _____ I bet you're won-derin' how I knew
_____ ain't sup-posed to cry,
_____ of what you see,

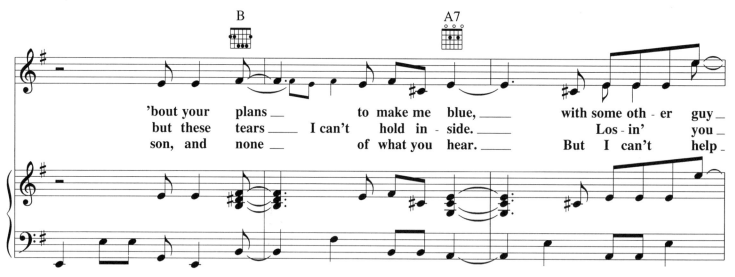

'bout your plans _____ to make me blue, _____ with some oth-er guy,
but these tears _____ I can't hold in - side. _____ Los - in' you _____
son, and none _____ of what you hear. _____ But I can't help _____

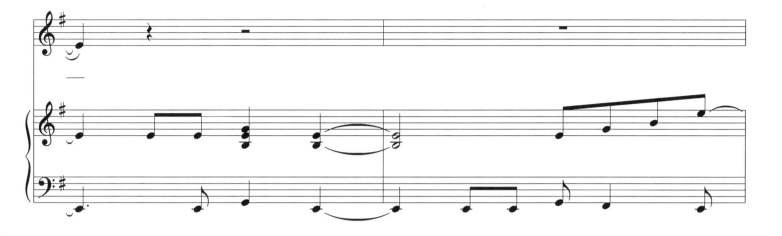

D.S. al Coda

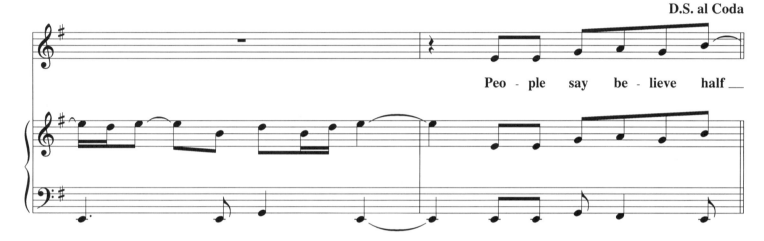

Peo - ple say be - lieve half __

CODA,

__ yeah, yeah, __ yeah. I heard it through the grape-vine, not much

Repeat and Fade

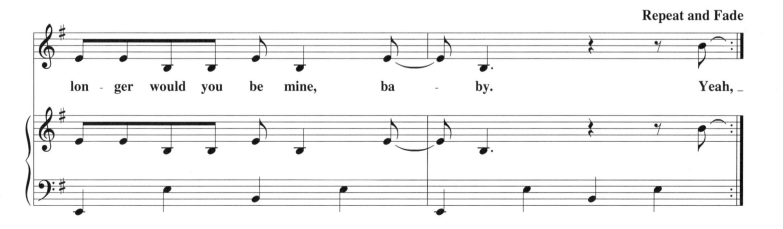

lon - ger would you be mine, ba - by. Yeah, _

I Second That Emotion

Words and Music by WILLIAM "SMOKEY" ROBINSON
and ALFRED CLEVELAND

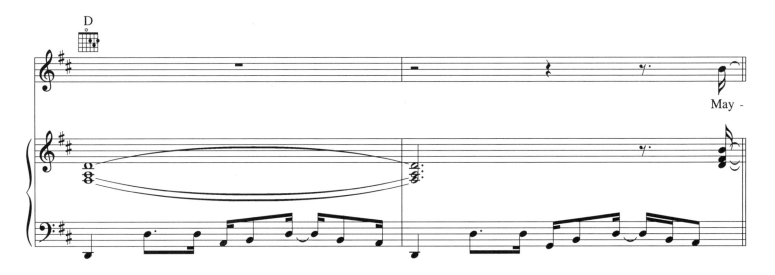

May -

- be you'll wan-na give __ me kiss-es sweet, __ but
- be you think that love __ will tie you down __ and

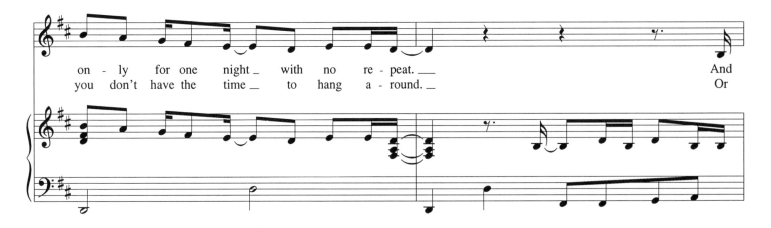

on-ly for one night __ with no re-peat. __ And
you don't have the time __ to hang a-round. __ Or

may - be you'll go a - way ___ and nev - er call, ___ and a
may - be you think that love ___ will make us fools, ___ and

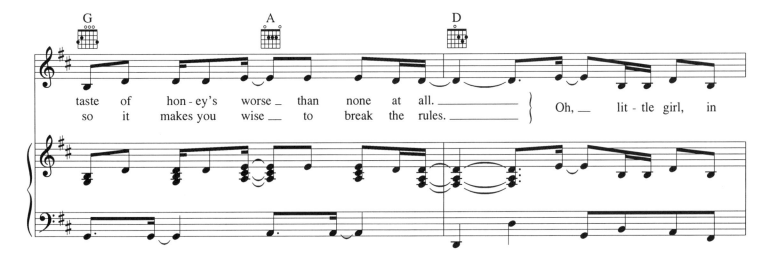

taste of hon - ey's worse ___ than none at all. _____ Oh, ___ lit - tle girl, in
so it makes you wise ___ to break the rules. _____

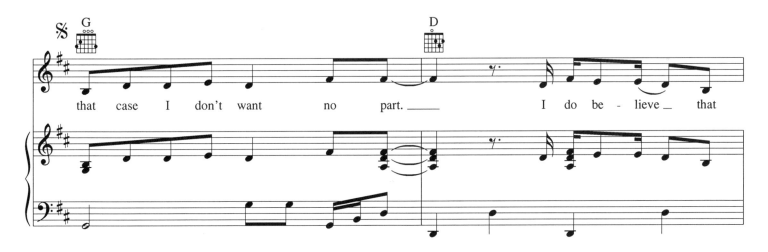

that case I don't want no part. _____ I do be - lieve ___ that

that would on - ly break ___ my heart. _____ Oh, _____ but

if you feel like lov-in' me, ___ if you got the no - tion, ___

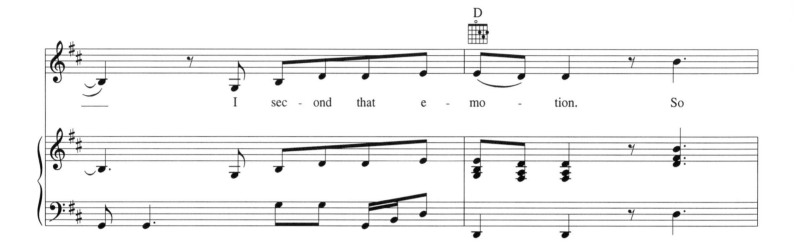

___ I sec - ond that e - mo - tion. So

if you feel like giv-ing me ___ a life - time of de - vo - tion, ___

To Coda ⊕

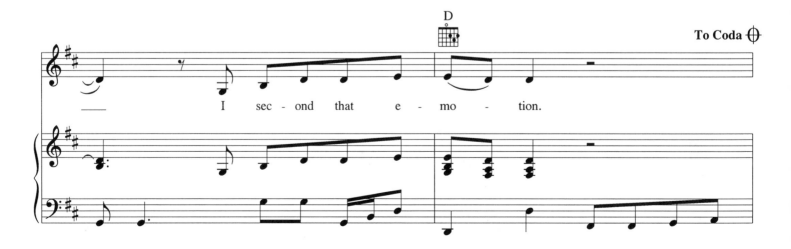

___ I sec - ond that e - mo - tion.

May -

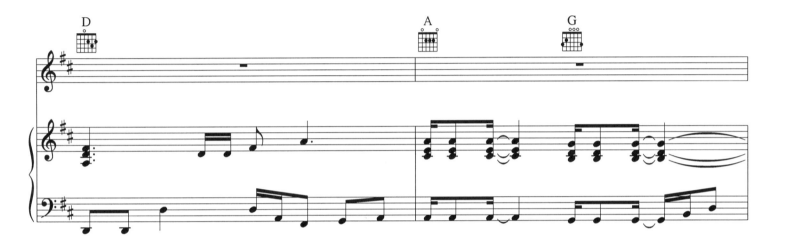

D.S. al Coda

Oh ___ lit - tle girl ___ in

CODA Repeat ad lib. and Fade

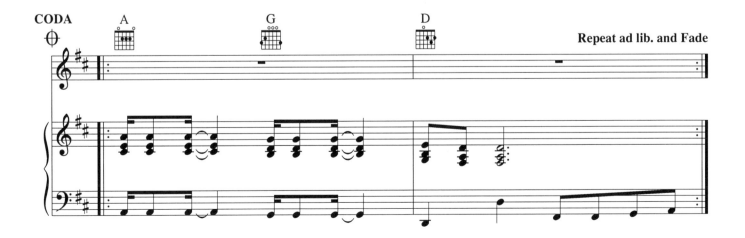

I Will Survive

Words and Music by DINO FEKARIS
and FREDDIE PERREN

I'LL BE THERE

Words and Music by BERRY GORDY,
HAL DAVIS, WILLIE HUTCH and BOB WEST

If I Were Your Woman

Words and Music by LAVERNE WARE,
PAM SAWYER and CLAY McMURRAY

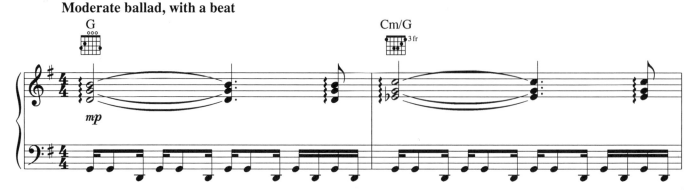

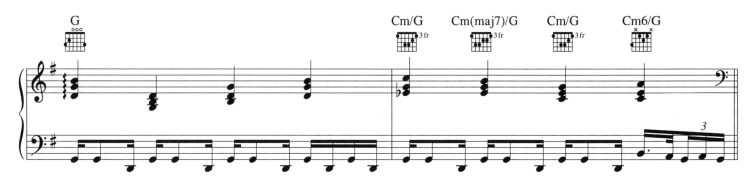

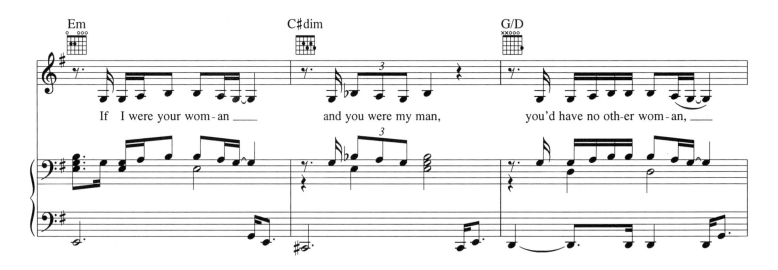

my love _ would o-ver-rule my sense   and I'd call _ you back for more. If I were your

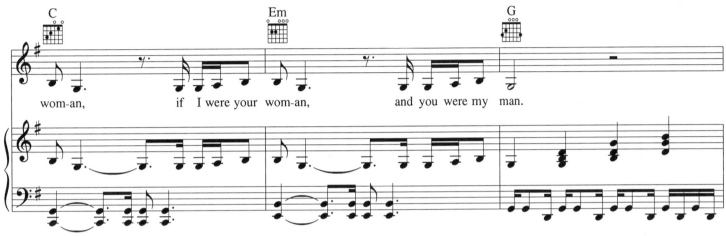

wom-an,   if I were your wom-an,   and you were my man.

She tears you down dar-lin'   says you're noth-ing at all. _
Life _ is so cra-zy,   and love _ is un-kind. _

But I'll pick you up dar-lin'   when she let's you fall.   You're _ like a dia-mond.
Be-cause she came first dar-lin',   will she hang on your mind?   You're _ a part of me.

but she treats you like glass.
and you don't e - ven know it.

Yet you beg her to love you, ____
I'm what you need ____ but I'm

To Coda

but me __ you don't ask. If I were your wom - an,
if I were your

wom - an,
if I were your wom - an,
here's __ what I'd

do; _____
I'd nev - er, no, no, stop lov - ing you.

D.S. al Coda

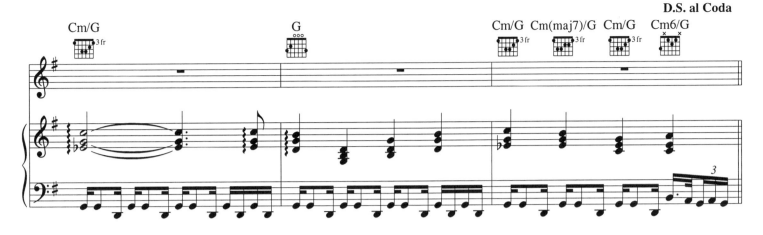

CODA

too a-fraid __ to show it. _____ If I were your

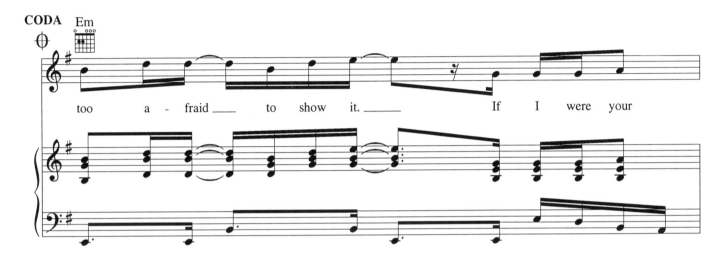

wom-an, if I were your wom-an, if I were your

wom-an, here's __ what I'd do; _____ I'd

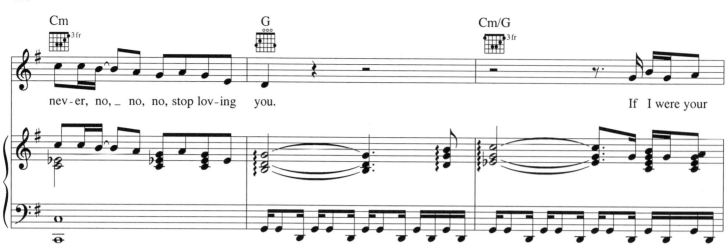

nev-er, no, _ no, no, stop lov-ing you.   If I were your

wom - an,   here's _ what I'd do; _____   I'd

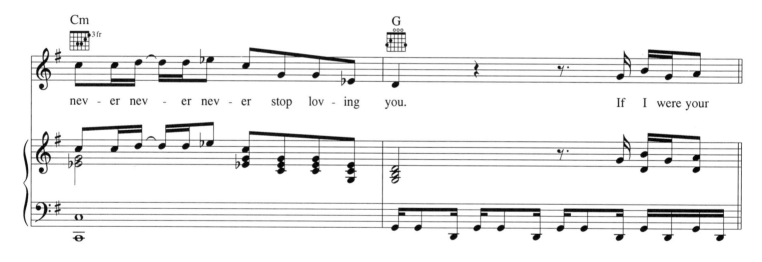

nev - er nev - er nev - er stop lov - ing you.   If I were your

Repeat ad lib. and Fade

wom - an,   your sweet lov - ing wom - an.   If I were your

JUST MY IMAGINATION
(Running Away with Me)

Words and Music by NORMAN WHITFIELD
and BARRETT STRONG

Each day through my win-dow I
Soon we'll be

watch her as she pass-es by. _____ I
mar-ried and raise a fam - i - ly.

say to my - self, "You're such _____ a luck-y guy. _____
coz - y lit - tle home out in the coun-try with two chil-dren, may - be three.

A

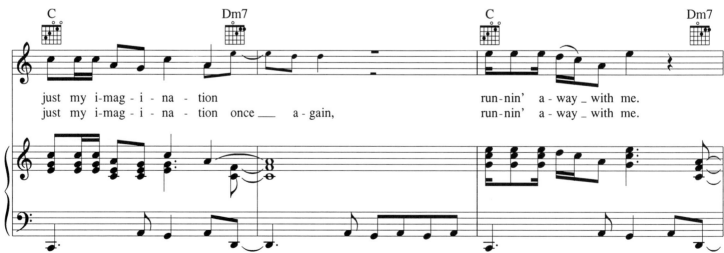

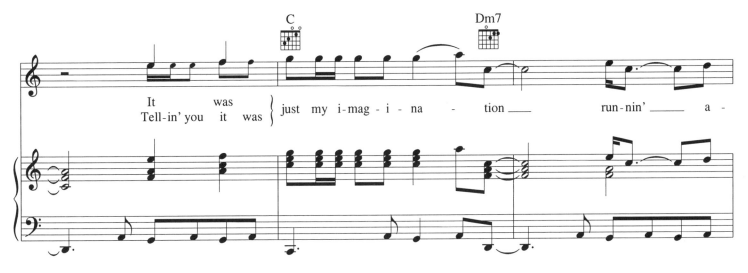

It was
Tell-in' you it was } just my i-mag-i-na - tion run-nin' ___ a-

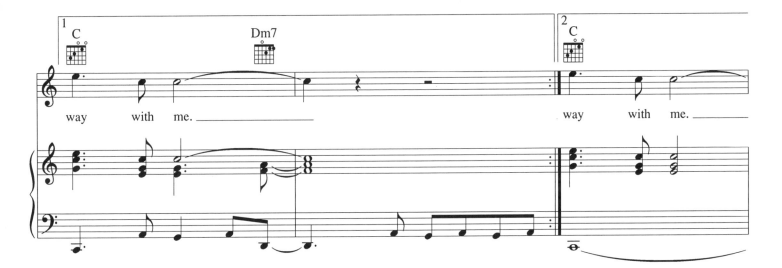

way with me. ___

way with me. ___

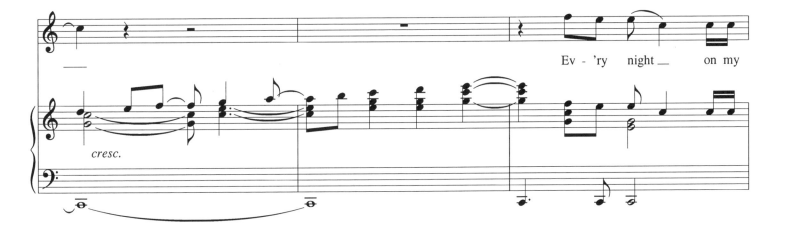

cresc.

Ev - 'ry night ___ on my

knees I pray, ___ ("Dear Lord,) _ hear my plea. _

Don't ev-er let an-oth-er take her love from me, or I would

sure-ly die." _____ Her love is heav-en-ly.

When her arms en-fold me, I hear a ten-der rhap-so-

dy. But in re-al-i-ty, she does-n't e-ven know me. __

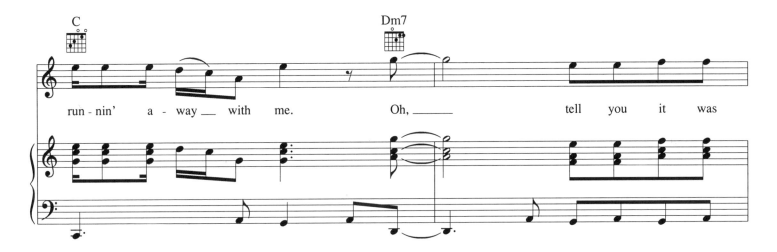

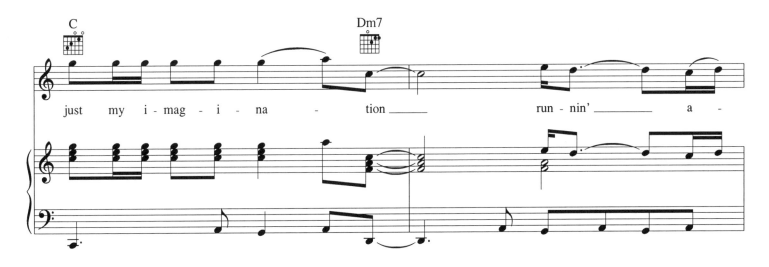

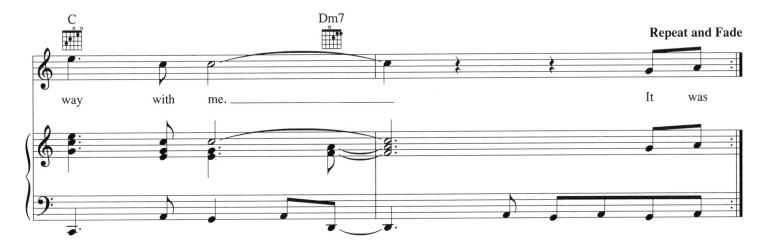

IN THE STILL OF THE NITE
(I'll Remember)

Words and Music by
FRED PARRIS

JUST ONCE

Words by CYNTHIA WEIL
Music by BARRY MANN

I did my best,_____ but I
I gave my all,_____ but I

guess my best_ was-n't good_ e - nough_ 'cause here we are_ back_ where we were_ be - fore,
think my all_ may have been_ too much_ 'cause Lord knows, we're_ not_ get - ting an - y - where,

Seems noth - ing ev - er chang - es,   we're
It seems we're al - ways blow - in'   what -

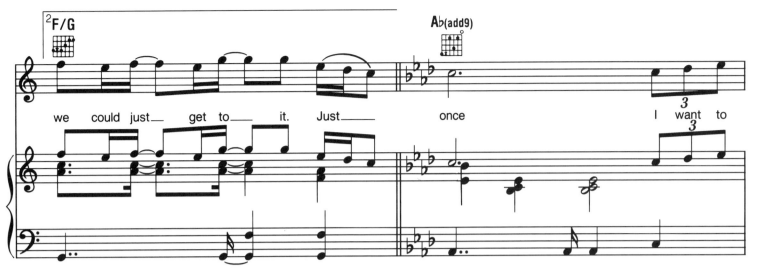

we could just__ get to__ it. Just___ once I want to

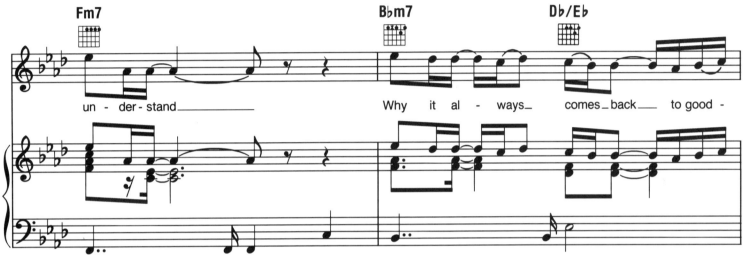

un - der - stand _____ Why it al - ways_ comes_ back_ to good -

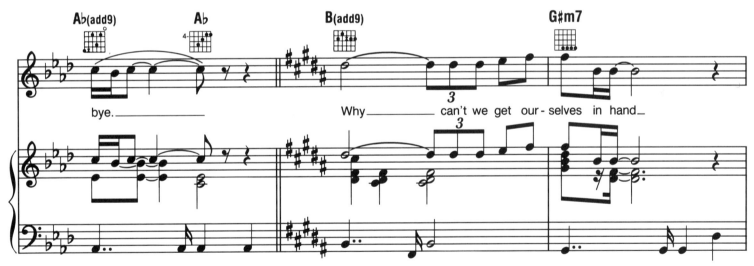

bye. _____ Why_____ can't we get our-selves in hand_

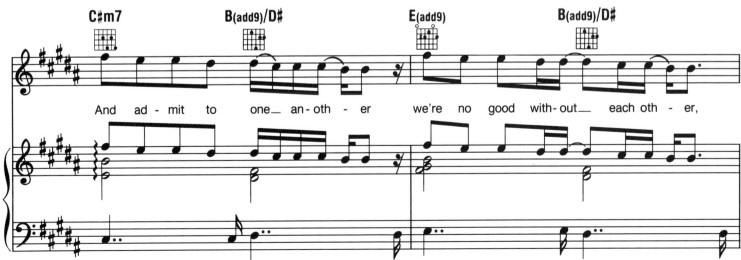

And ad - mit to one_ an - oth - er we're no good with-out_ each oth - er,

Maybe Tomorrow

Words and Music by BERRY GORDY JR.,
ALPHONSO J. MIZELL, FREDERICK J. PERREN
and DEKE RICHARDS

MERCY, MERCY ME
(The Ecology)

Words and Music by
MARVIN GAYE

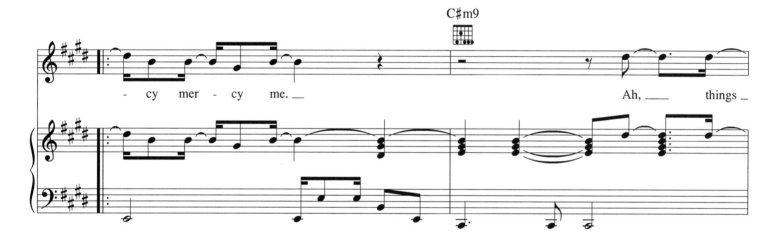

the blue ___ skies ___ go? ___ Poi - son is ___ the wind ___ that blows ___

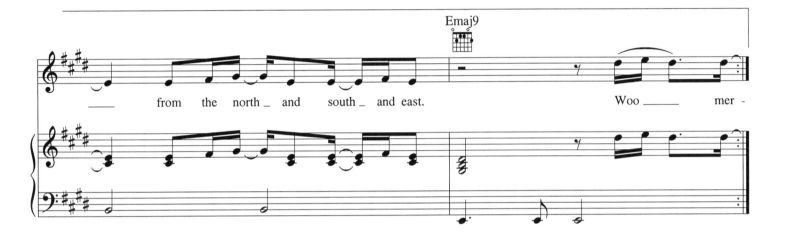

___ from the north ___ and south ___ and east. Woo ___ mer -

wast - ed on ___ the o - ceans and up - on ___ our seas. Fish full of mer -

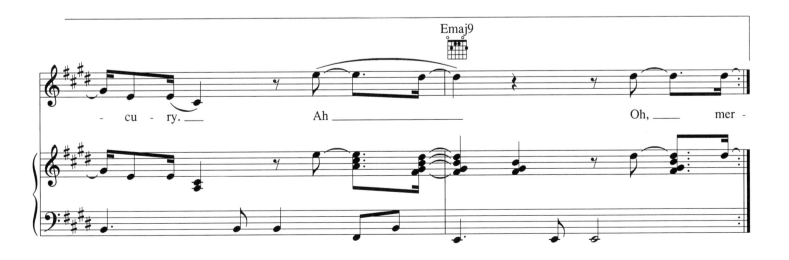

- cu - ry. ___ Ah _____ Oh, ___ mer -

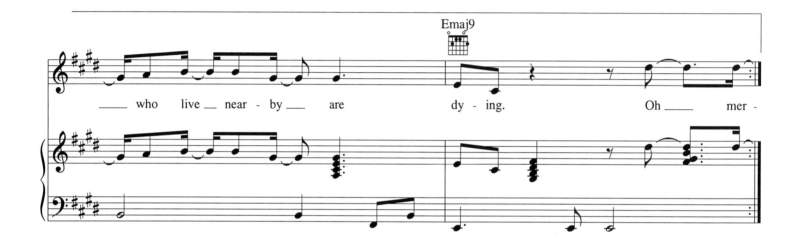

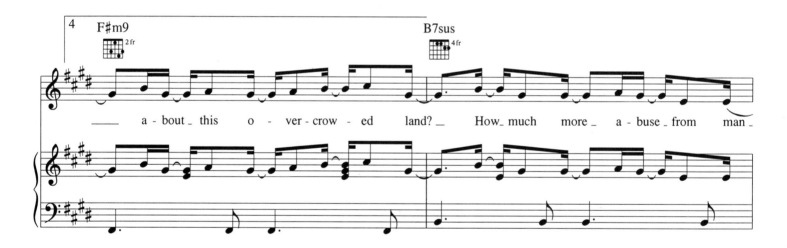

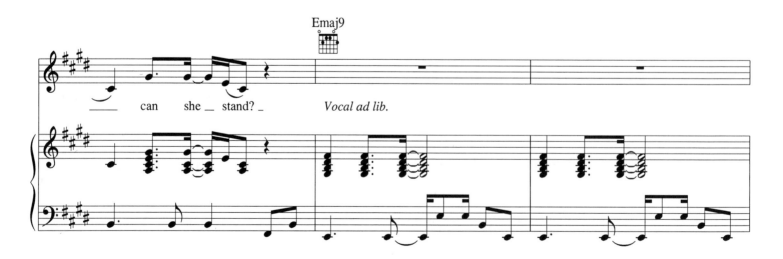

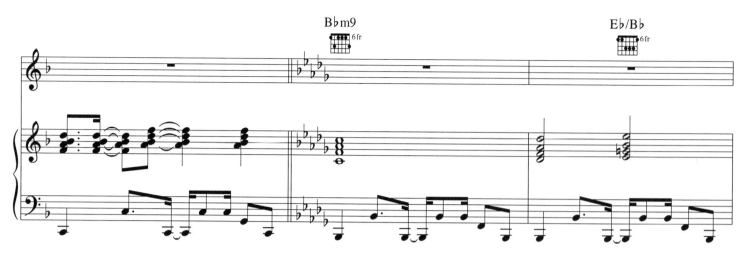

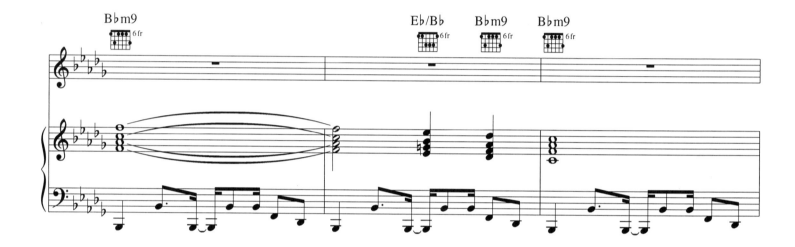

MY GIRL

Words and Music by WILLIAM "SMOKEY" ROBINSON
and RONALD WHITE

I've got sun - shine

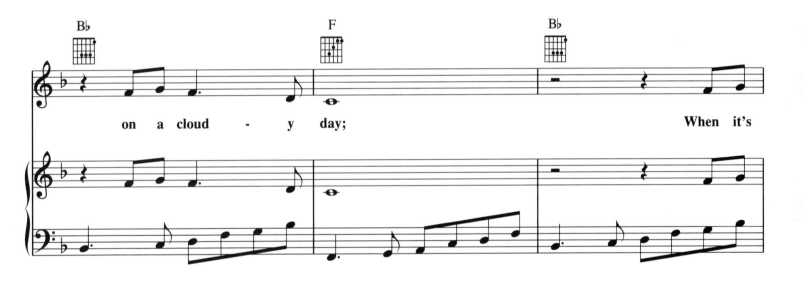

on a cloud - y day;   When it's

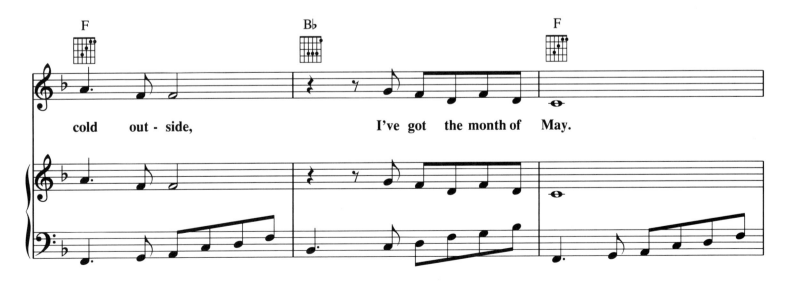

cold out - side,   I've got the month of May.

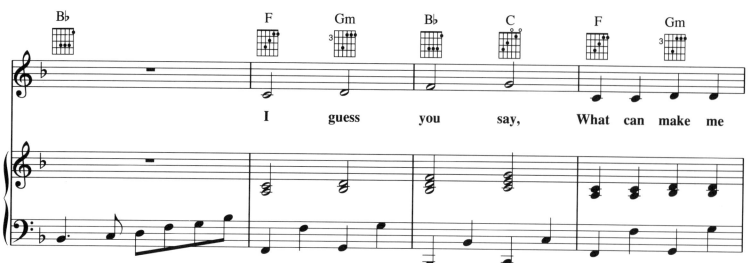

I guess you say, What can make me

feel this way? My girl, _____ talk-ing 'bout my __ girl. _____

I've got so much hon-ey, the bees en-vy

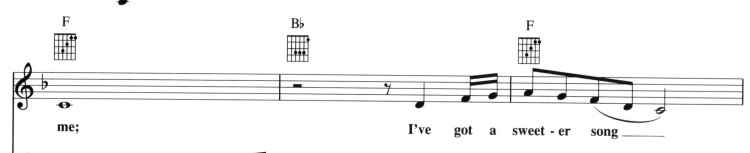

me; I've got a sweet-er song _____

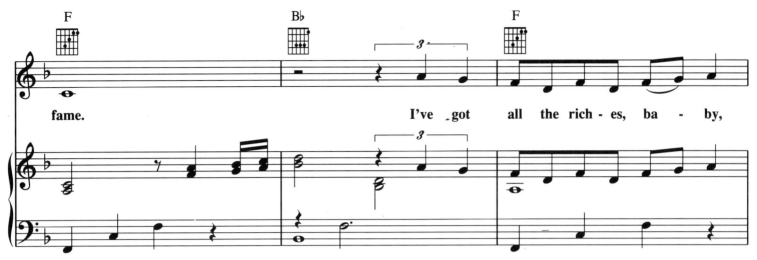

fame. I've _ got all the rich - es, ba - by,

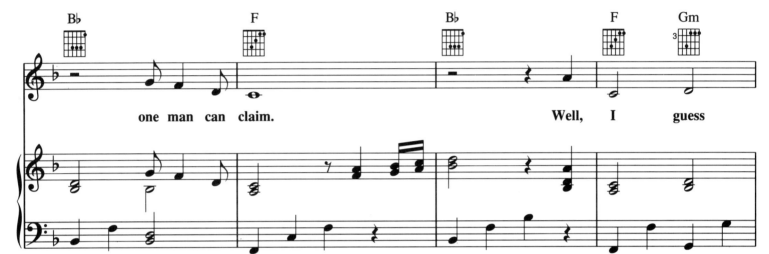

one man can claim. Well, I guess

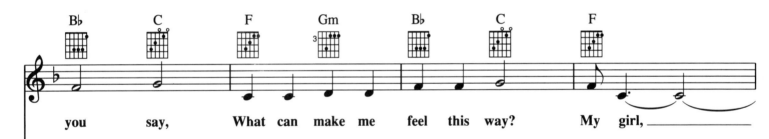

you say, What can make me feel this way? My girl, _____

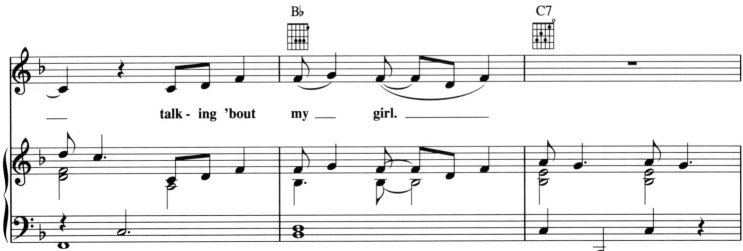

_ talk - ing 'bout my _ girl. _____

Midnight Train to Georgia

Words and Music by
JIM WEATHERLY

MONEY
(That's What I Want)

Words and Music by BERRY GORDY
and JANIE BRADFORD

Moderate rock

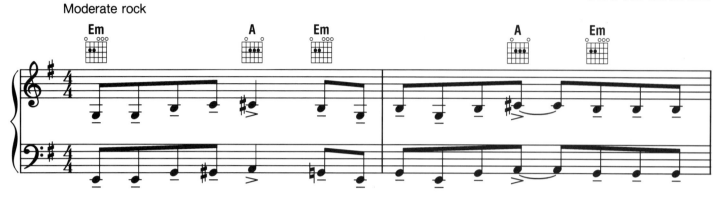

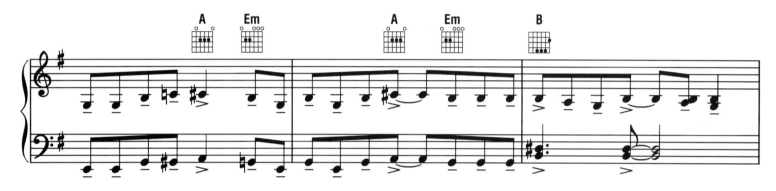

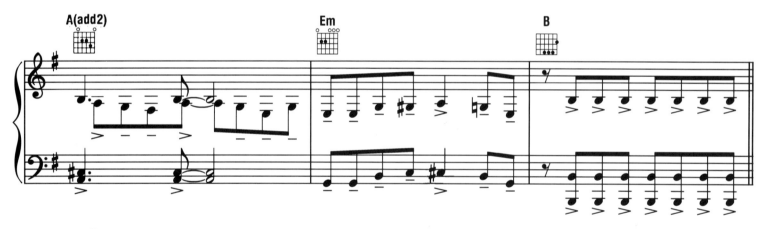

1. The best____ things   in   life   are   free,____
2. Your love - in'   give   me   a   thrill,____
3.4. Mon - ey   don't   get   ev - 'ry   thing   it's   true,____

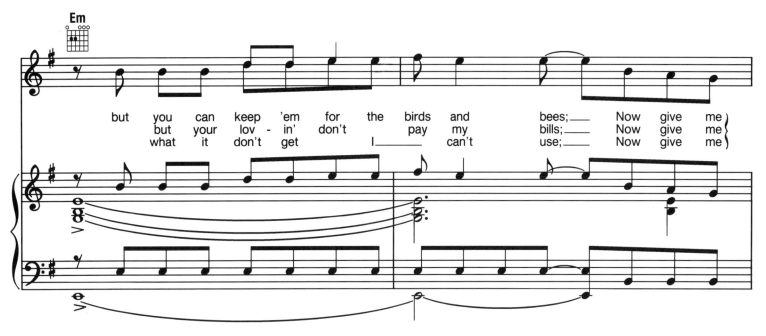

but you can keep 'em for the birds and bees;___ Now give me
but your lov - in' don't pay my bills;___ Now give me
what it don't get I___ can't use;___ Now give me

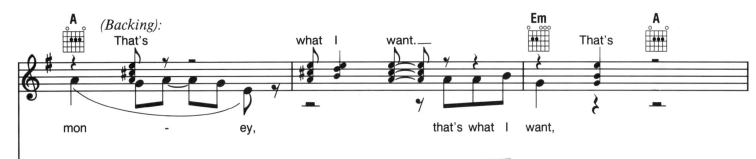

(Backing): That's what I want.___ That's That's

mon - ey, that's what I want,

what I want.___ That's what I want.___

that's what I want_____ yeah,___

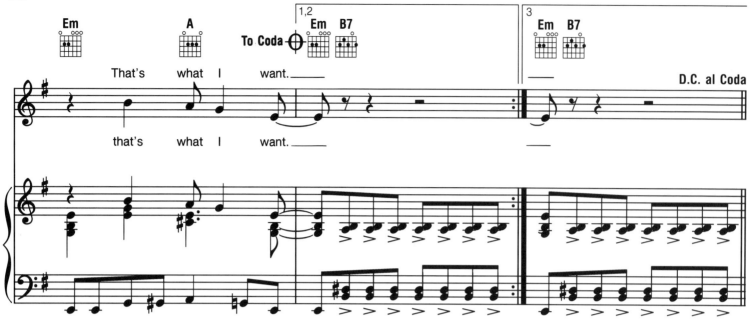

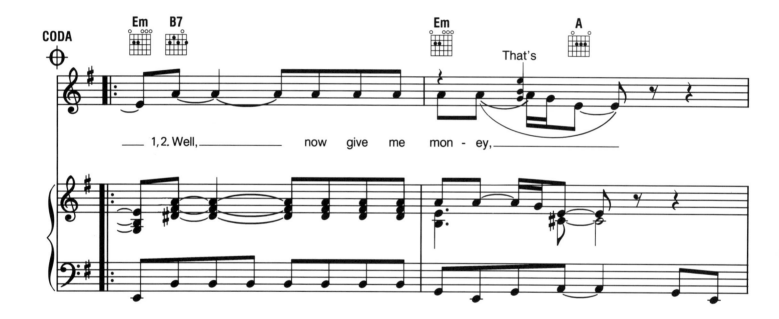

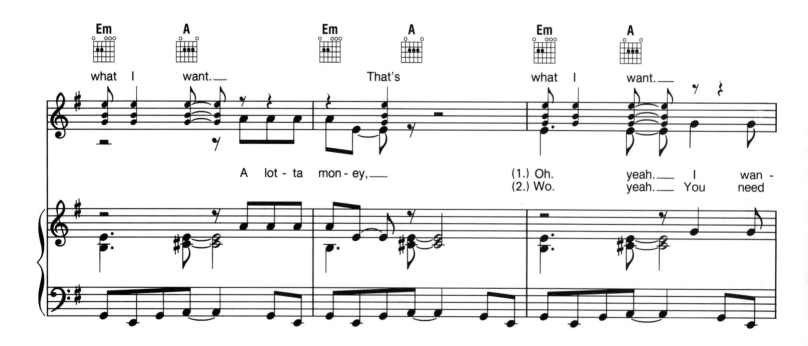

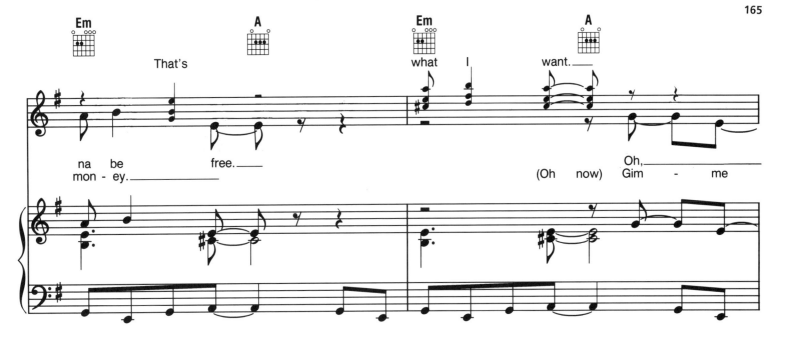

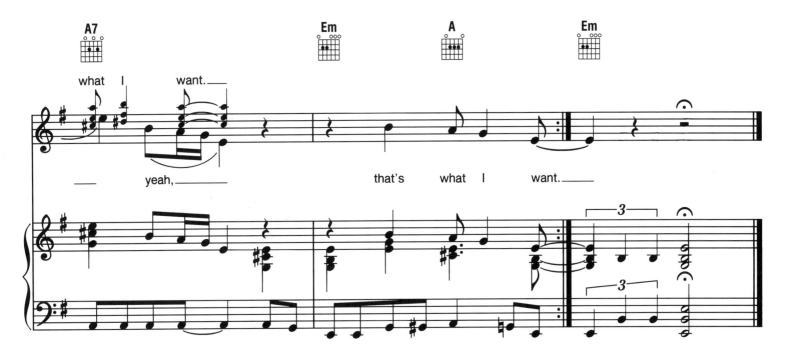

(YOU MAKE ME FEEL LIKE)
A NATURAL WOMAN

Words and Music by GERRY GOFFIN,
CAROLE KING and JERRY WEXLER

ONE SWEET DAY

Words and Music by MARIAH CAREY, WALTER AFANASIEFF, SHAWN STOCKMAN,
MICHAEL McCARY, NATHAN MORRIS and WANYA MORRIS

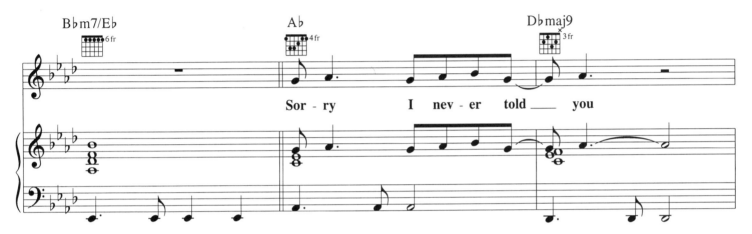

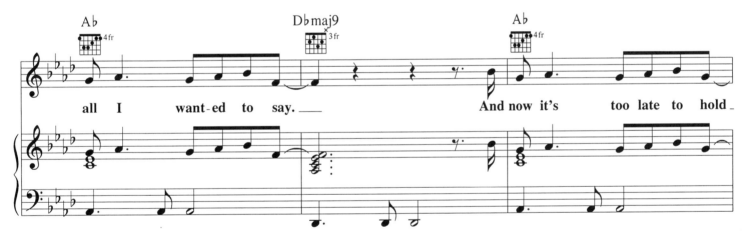

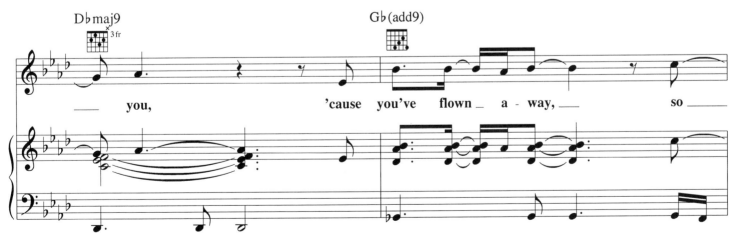

Neither One of Us
(Wants to Be the First to Say Goodbye)

Words and Music by
JIM WEATHERLY

It's sad to think _ we're not gon-na make it, ___ and it's got-ten to the point where we just can't fake it, ___ but for

PAPA WAS A ROLLIN' STONE

Words and Music by NORMAN WHITFIELD
and BARRETT STRONG

Moderately fast

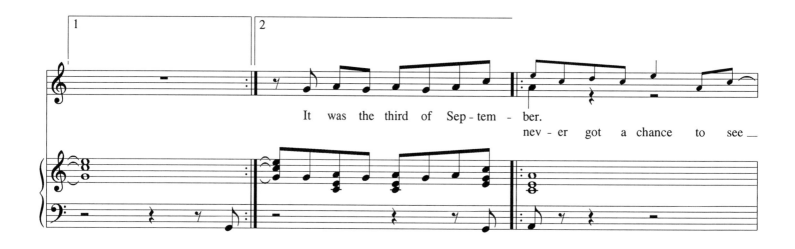

It was the third of Sep - tem - ber.

nev - er got a chance to see ___

That day I'll al - ways re - mem - ber, yes I will, ___ 'cause

___ him. Nev - er heard noth-in' but bad things a - bout him.

that was the day ___ that my dad - dy died. ___
Ma - ma, I'm de - pend - ing on you to tell me the truth. ___

I ___ *Spoken: Mama just hung her head and said, "Son,*

Pa - pa was a roll - in' stone." ___ Wher - ev - er he laid his hat

was his home. ___ And when he died, ___ all ___ he ___ left us was a -

Repeat and Fade

A Rainy Night in Georgia

Words and Music by
TONY JOE WHITE

1. Hov - erin' by my suit - case, ___ tryin' to find a warm place to
2. Ne - on signs a - flash - in', ___ tax - i cabs and busses pass - in'
3. *(See additional lyrics)*

spend the night;   A heav - y rain a fall - in';
through the night;   The dis - tant moan - in' of a train

Seems I hear your voice call - in' "It's all right."
Seems to play a sad re - frain to the night;

Additional lyrics

3. I find me a place in a box car,
   So I take out my guitar to pass some time;
   Late at night when it's hard to rest,
   I hold your picture to my chest, and I'm all right;
   (To Chorus)

PAPA'S GOT A BRAND NEW BAG

Words and Music by
JAMES BROWN

A Place in the Sun

Words and Music by RONALD MILLER
and BRYAN WELLS

branch _____ on a tree, I keep reach - in' to _____ be
tired _____ trou - bled earth, I've been roll - in' since _____ my

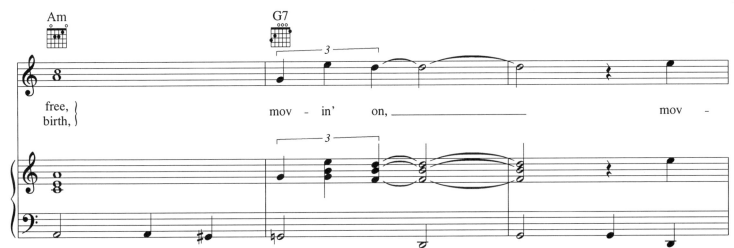

free, }
birth, } mov - in' on, _____ mov -

in' on. _____ 'Cause there's a place in the

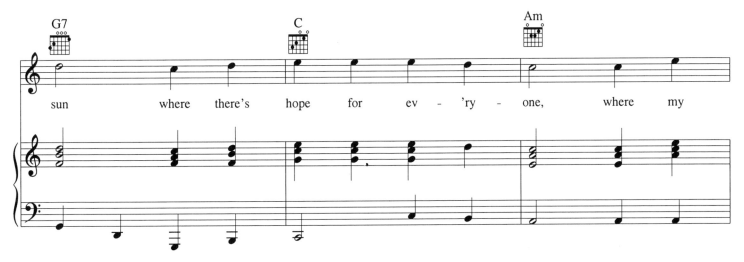

sun where there's hope for ev - 'ry - one, where my

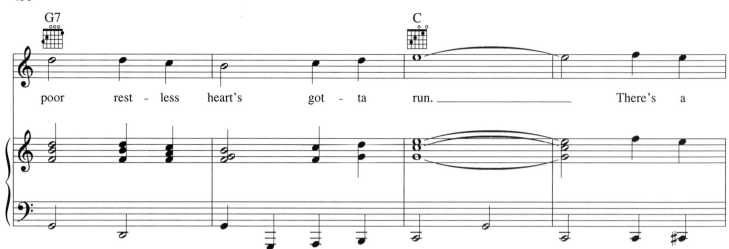

poor rest - less heart's got - ta run. _____ There's a

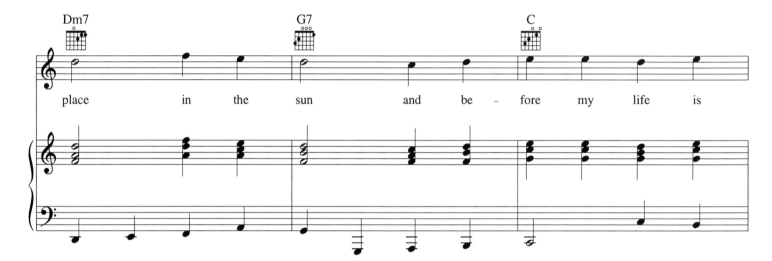

place in the sun and be - fore my life is

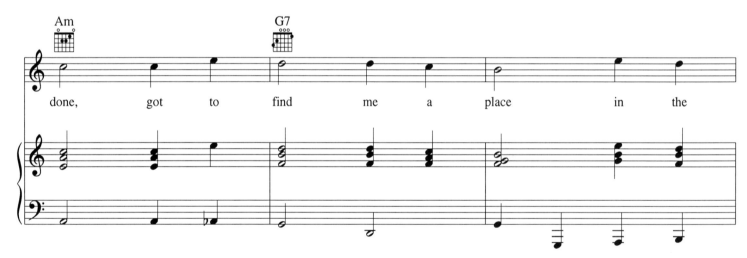

done, got to find me a place in the

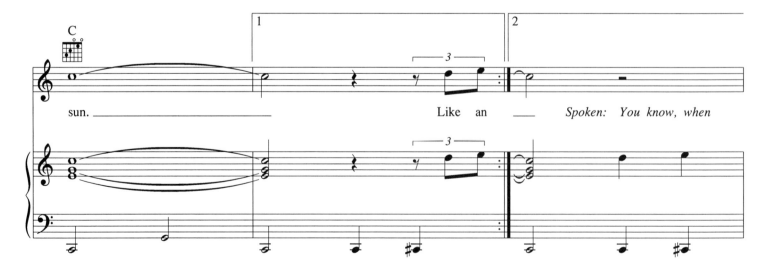

sun. _____ Like an ____ *Spoken: You know, when*

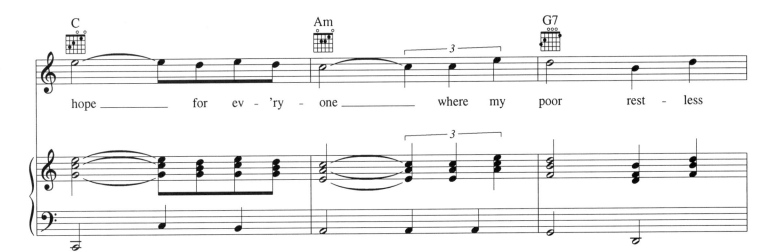

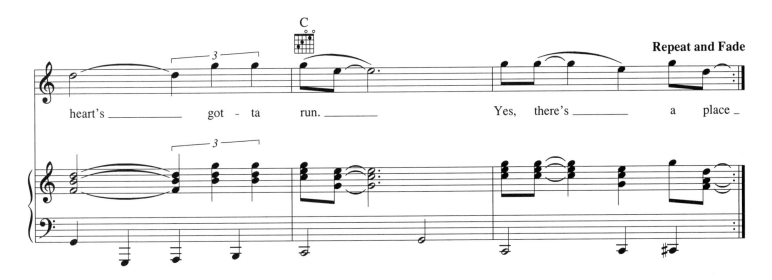

SHOP AROUND

Words and Music by BERRY GORDY
and WILLIAM "SMOKEY" ROBINSON

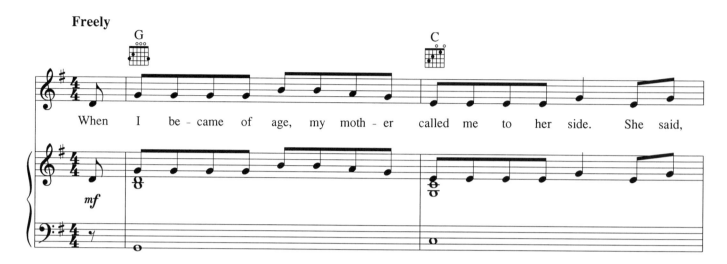

When I be-came of age, my moth-er called me to her side. She said,

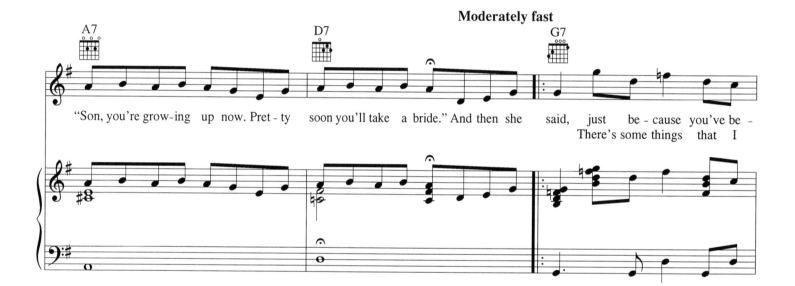

"Son, you're grow-ing up now. Pret-ty soon you'll take a bride." And then she said, just be-cause you've be-
There's some things that I

come a young man now, there's still some things that you
want you to know now. Just as sure as the

don't un - der - stand now.
wind's gon - na blow now,

Be - fore you ask some girl for her hand now,
the wom - en come and the wom - en gon - na go now.

keep your free - dom for as long as you can now.
Be - fore you tell 'em that you love 'em __ so now,

My ma - ma told

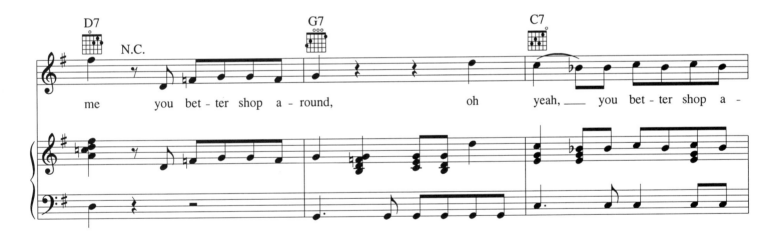

me you bet - ter shop a - round, oh yeah, ___ you bet - ter shop a -

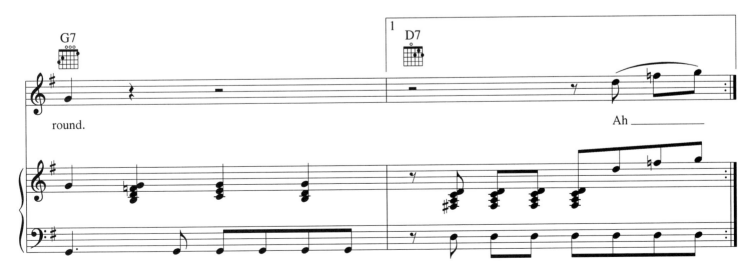

round.

Ah _____

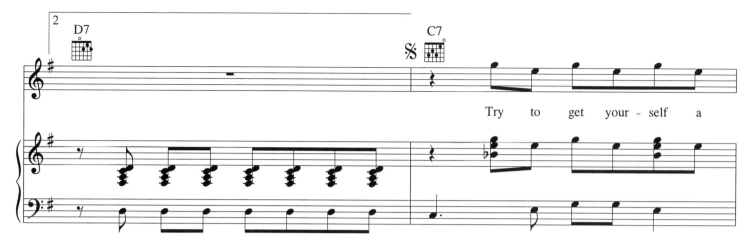

Try to get your-self a

bar - gain, son. ___ Don't ___ be sold ___ on the ver - y first one.

Pret - ty girls come a dime a doz - en. A - try to find one who's gon - na

give you true ___ lov - in'. Be - fore you take a girl and say I do ___ now,

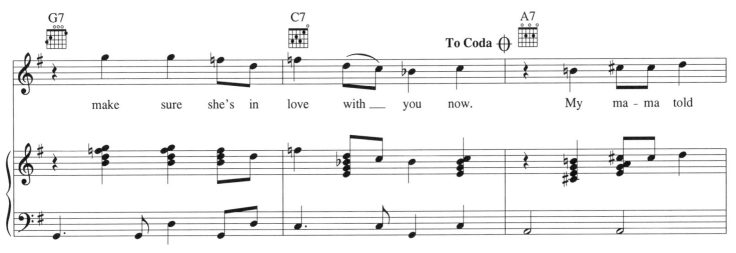

make sure she's in love with __ you now.   My ma - ma told

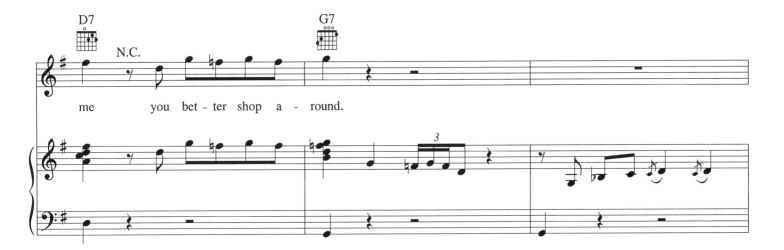

me   you bet - ter shop a - round.

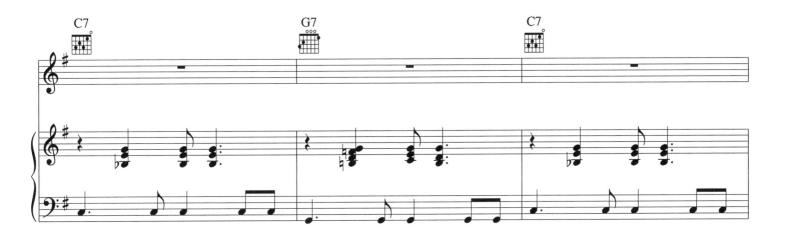

D.S. al Coda

Make sure that her love is true __ now. I hate to see you feel - in'

sad __ and blue now. __ My ma - ma told me you bet - ter shop a -

Repeat and Fade

round. __

REAL LOVE

Words and Music by MARK C. ROONEY
and MARK MORALES

MCA music publishing

Saving All My Love For You

Words by GERRY GOFFIN
Music by MICHAEL MASSER

A few sto-len mo-ments is all that we share.
not ver-y eas-y liv-ing all a-lone. My

You've got your fam-'ly and they need you there. Though I try to re-sist, be-ing
friends try and tell me find a man of my own. But each time I try, I just

last on your list, but no oth-er man's gon-na do,
break down and cry. 'Cause I'd rath-er be home feel-in' blue, } so I'm

got ___ to get read - y, ___ just a few ___ min-utes more. ___ Gon-na get ___ that old feel - ing ___ when you

walk ___ through that door. ___ 'Cause to - night ___ is the night ___ for ___ feel - ing all right. ___ We'll be

mak - ing love the whole night ___ through, _____ so I'm sav - ing all my love, yes I'm

sav - ing all my love, yes I'm sav - ing all my love for ___ you. _____

September

Words and Music by MAURICE WHITE,
AL McKAY and ALLEE WILLIS

Moderate Rock

Do you re - mem-ber   the twen-ty-first night___ of Sep -

ring - ing   in the key___ that our souls___ were___ sing -

tem-ber?   Love was chang-ing the mind's___ pre - ten - ders   while___

ing   as we danced in the night.___ Re - mem-ber   how the

Ba do oo ba do oo ba do oo ba do oo ba do oo ba do oo

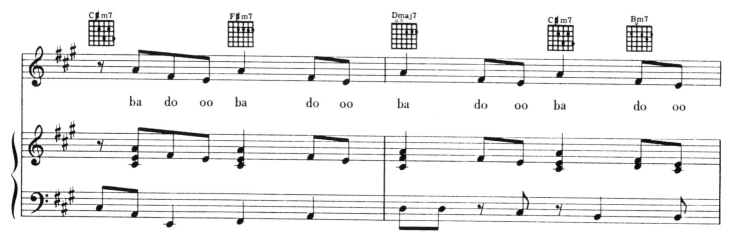

ba do oo ba do oo ba do oo ba do oo

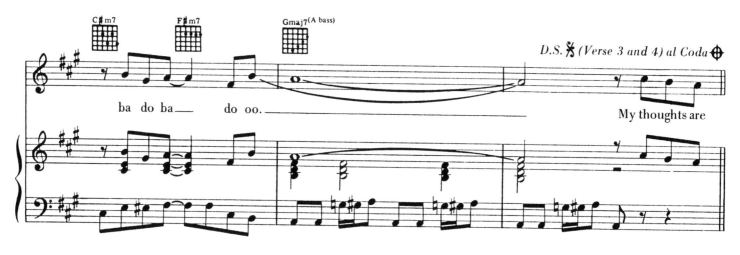

D.S. 𝄋 *(Verse 3 and 4) al Coda* ⊕

ba do ba___ do oo._____ My thoughts are

⊕ *Coda*

Ba - de - ya___ say, do you re - mem - ber?

Ba - de - ya, — dancing in Sep - tem - ber, ba - de - ya, —

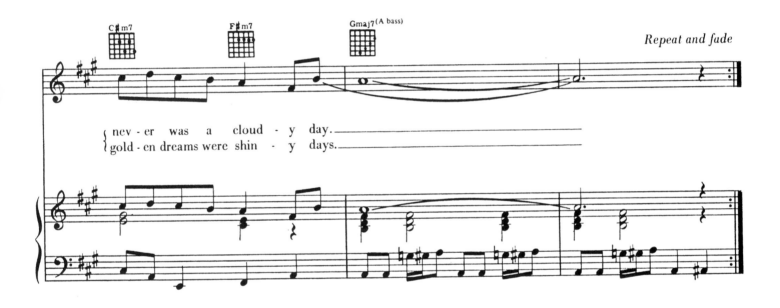

Repeat and fade

{ nev - er was a cloud - y day. _____

{ gold - en dreams were shin - y days. _____

3rd Verse

My thoughts are with you,
   holding hands with your heart,
   to see you, only blue talk and love.
Remember how we knew love was here to stay?

4th Verse

Now December found the love that we shared,
September, only blue talk and love.
Remember the true love we share today.

SHINING STAR

Words and Music by MAURICE WHITE,
PHILIP BAILEY and LARRY DUNN

Slowly and Strong

When you wish up-on a star, your

dreams will take you ver-y far. But, when you wish up-on a dream, your

life ain't al-ways what it seems. What

SMILING FACES SOMETIMES

Words and Music by NORMAN WHITFIELD
and BARRETT STRONG

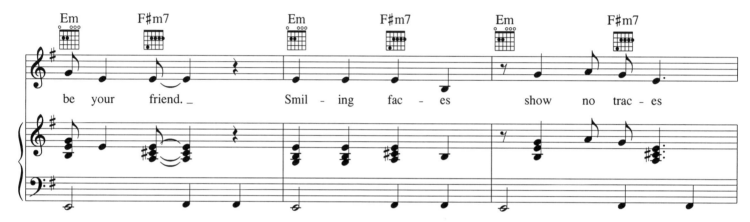

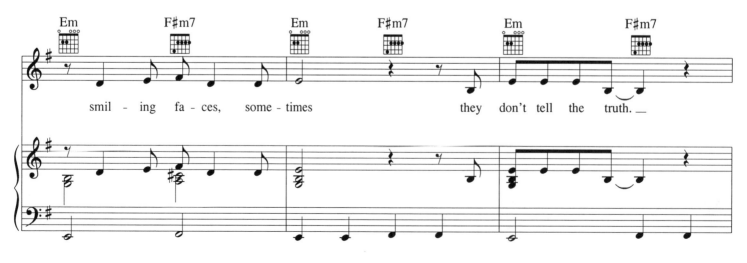

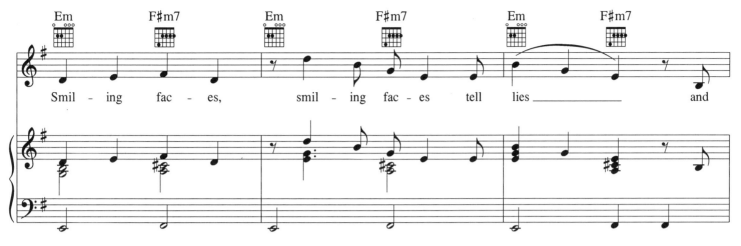

Smil-ing fac-es, smil-ing fac-es tell lies _____ and

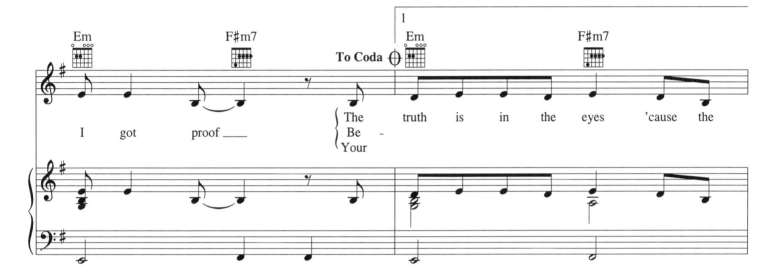

I got proof ____

The truth is in the eyes 'cause the
Be -
Your

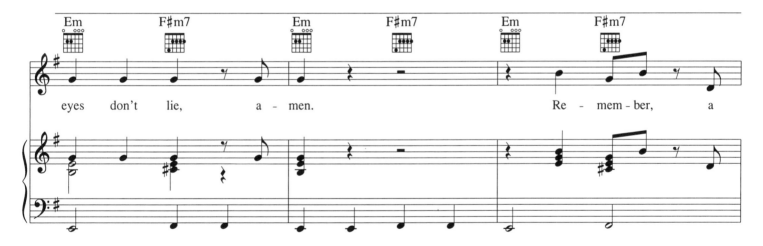

eyes don't lie, a-men. Re-mem-ber, a

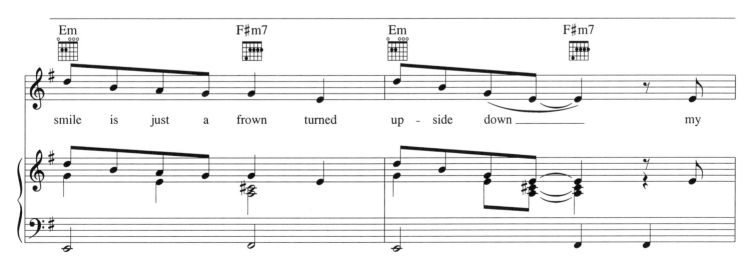

smile is just a frown turned up-side down _____ my

friend.   So, hear me when I'm say-ing ware.   Be-ware of the

hand - shake that hides the snake.   I'm tell-in' you

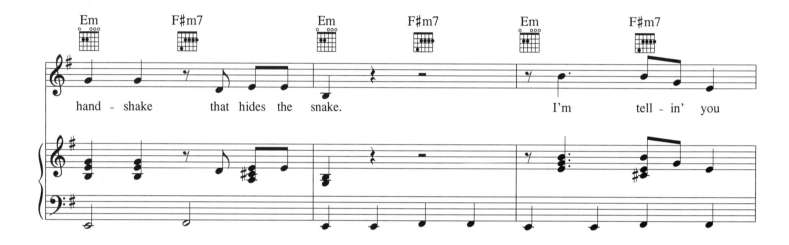

be-ware of the pat on the back   it just might

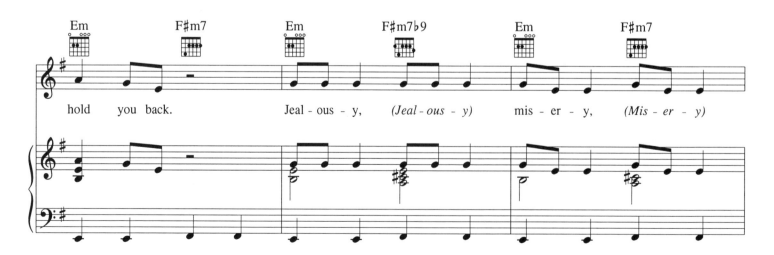

hold you back.   Jeal-ous-y, *(Jeal-ous-y)* mis-er-y, *(Mis-er-y)*

en - vy. I tell you you can't see _____ be - hind

D.S. al Coda

CODA

en - e - my won't do you no harm, _ 'cause you'll know where he's

com - in' from; ___ don't let the hand - shake and the

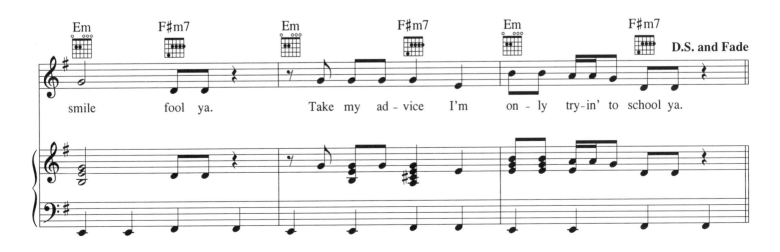

smile fool ya. Take my ad - vice I'm on - ly try - in' to school ya.

D.S. and Fade

STAND BY ME

Words and Music by BEN E. KING, JERRY LEIBER
and MIKE STOLLER

If the sky_____ that we look up-on should tum-ble and fall Or the

moun-tain_____ should crum-ble_____ in the sea, I won't

cry, I won't cry, no_____ I__ won't shed a tear Just as

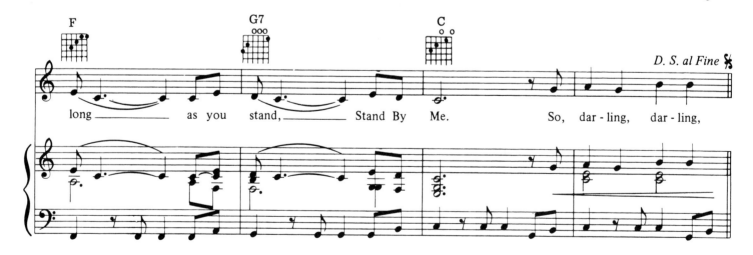

D. S. al Fine

long _____ as you stand,_____ Stand By Me. So, dar-ling, dar-ling,

Standing in the Shadows of Love

Words and Music by EDWARD HOLLAND,
LAMONT DOZIER and BRIAN HOLLAND

leave?   Now wait a min-ute.   Gave my heart and soul __ to you __ now

did-n't I?   And did-n't I al-ways treat you good, __ now did-n't I?   I'm

stand - ing in the shad - ows of love. _____   I'm get - ting

Try'n' my best __ to get

read - y for the heart - aches to come. _____

read - y for the heart - aches to come. _____

Don't you see __ me

Sweet Love

Moderate Ballad

Words and Music by ANITA BAKER,
LOUIS A. JOHNSON and GARY BIAS

1. With all my heart, _ I love _ you, ba-by.
(2.) heart has called _ me clos- -er to you.
(3.) sweet this dream, _ how love- -ly, ba-by.

Stay with me, _ and you will see _ my _ arms will hold _ you, ba-by. Nev-er leave, _ 'cause
I will be _ all that you need. _ Just trust in what _ we're feel-ing. Nev-er leave, _ 'cause
Stay right here, _ nev-er fear. I _ will _ be _ all that _ you need. _ Nev-er leave, _ 'cause

Still

Words and Music by
LIONEL RICHIE

Slowly (♩ = 66)

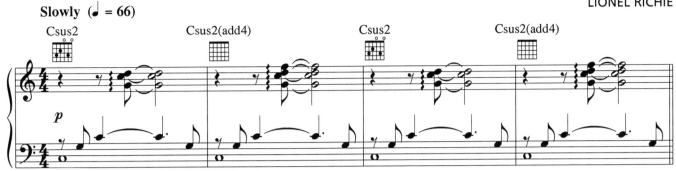

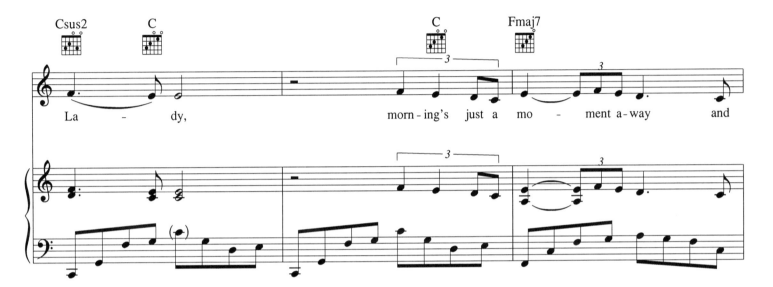

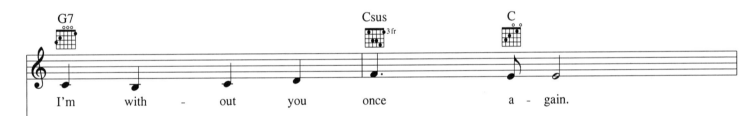

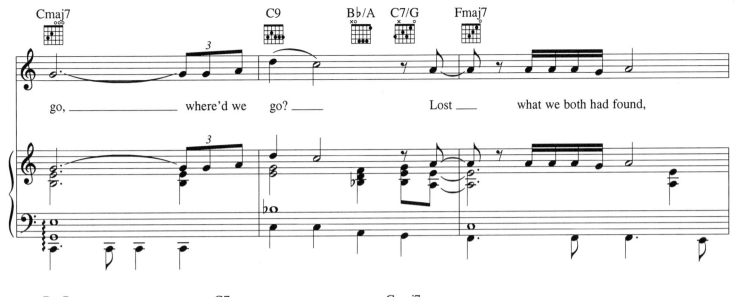

go, _____ where'd we go? _____ Lost ___ what we both had found,

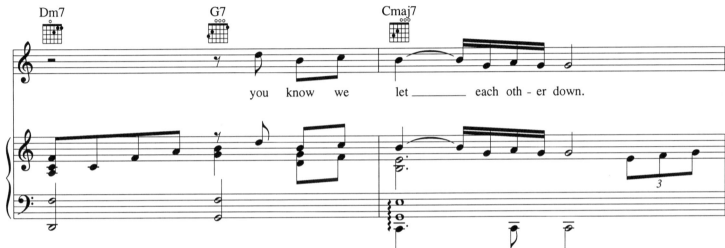

you know we let _____ each oth - er down.

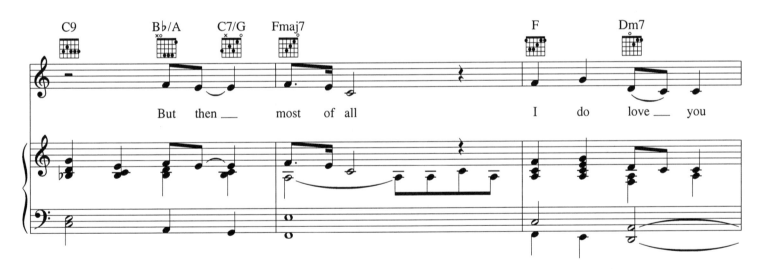

But then ___ most of all I do love ___ you

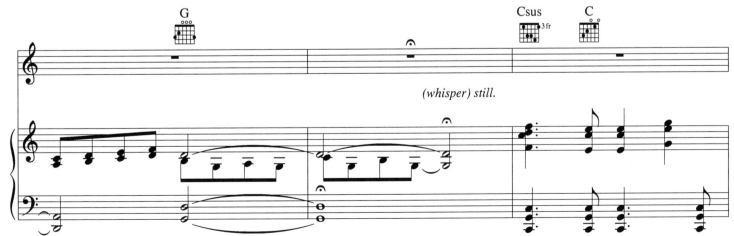

(whisper) still.

TELL IT LIKE IT IS

Words and Music by GEORGE DAVIS
and LEE DIAMOND

THIS MASQUERADE

Words and Music by
LEON RUSSELL

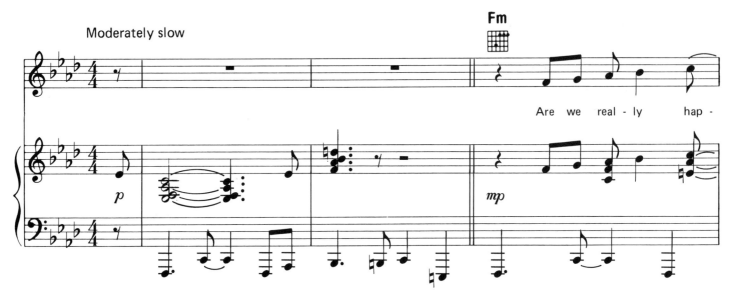

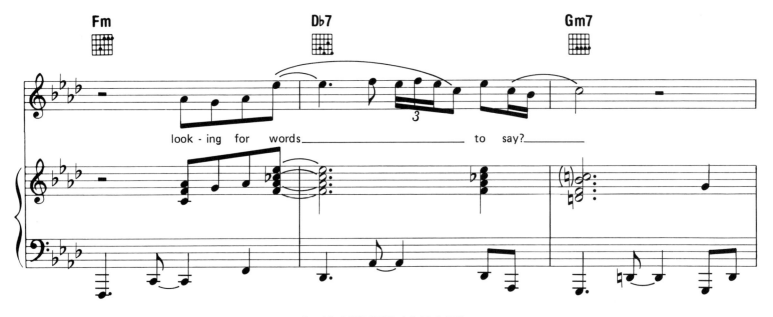

*Guitar solo sounds 8va
lower than written.

quer - ade._____

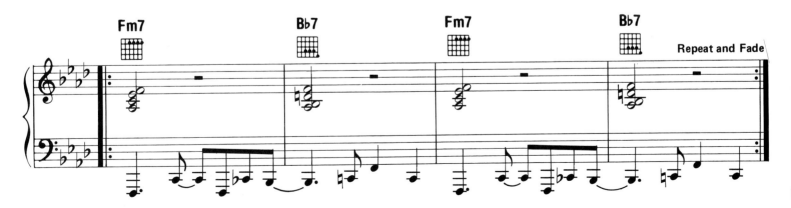

This Will Be
(An Everlasting Love)

Words and Music by MARVIN YANCY
and CHUCK JACKSON

Moderately bright rock

Three Times a Lady

Words and Music by
LIONEL RICHIE

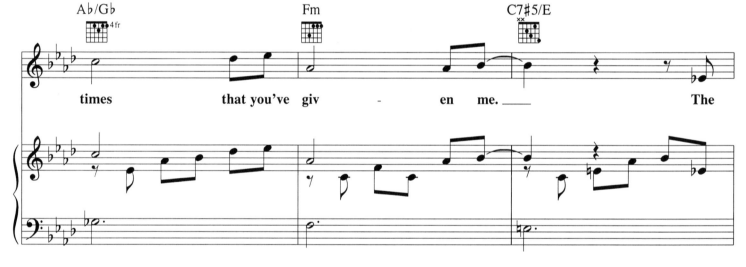

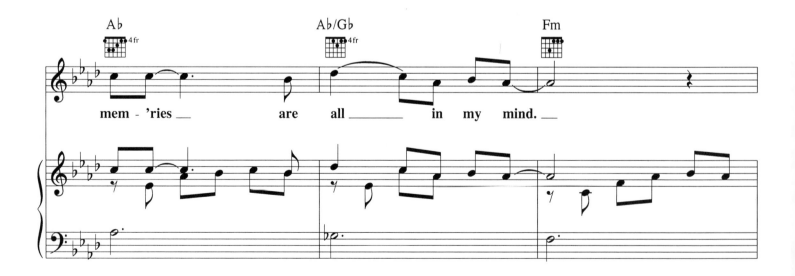

And now that we've come to the

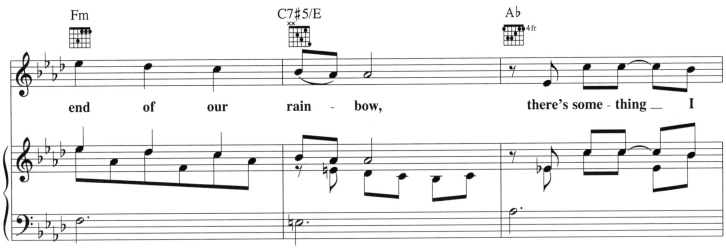

end of our rain - bow, there's some - thing ___ I

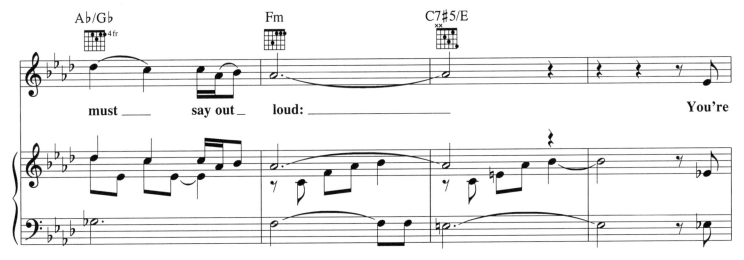

must ___ say out ___ loud: _____ You're

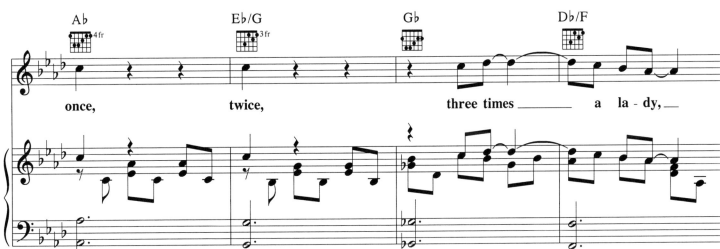

once, twice, three times _____ a la - dy, ___

TIME WILL REVEAL

Words and Music by BUNNY DeBARGE
and ELDRA DeBARGE

Fmaj7   F/G   G#dim7   Am7   Em7

But this time love's _ for real. ___ In time it will _ re - veal. _

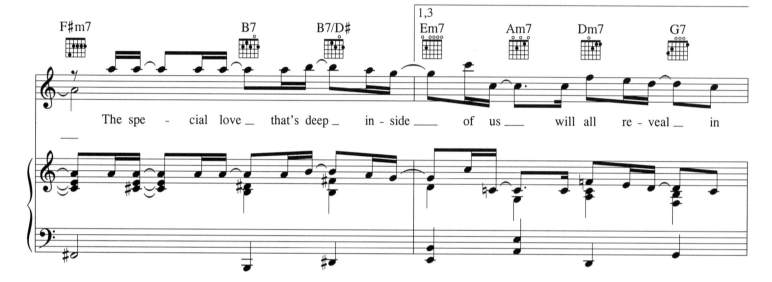

F#m7   B7   B7/D#   1,3   Em7   Am7   Dm7   G7

The spe - cial love _ that's deep _ in - side ___ of us ___ will all re - veal _ in

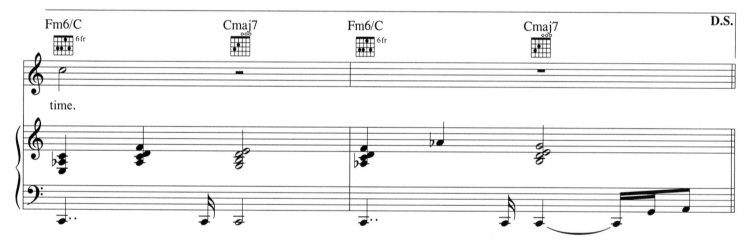

Fm6/C   Cmaj7   Fm6/C   Cmaj7   **D.S.**

time.

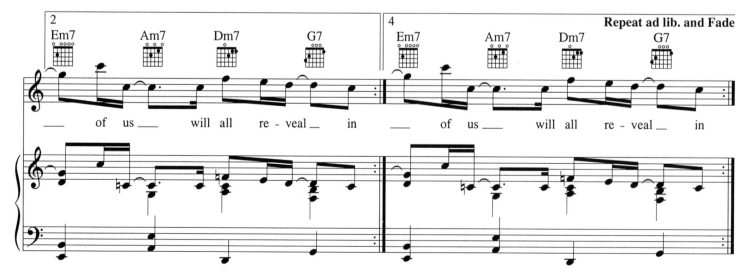

2   Em7   Am7   Dm7   G7   4   Em7   Am7   Dm7   G7   **Repeat ad lib. and Fade**

_ of us ___ will all re - veal _ in ___ of us ___ will all re - veal _ in

UNDER THE BOARDWALK

Words and Music by ARTIE RESNICK
and KENNY YOUNG

THE TRACKS OF MY TEARS

Words and Music by WILLIAM "SMOKEY" ROBINSON,
WARREN MOORE and MARVIN TARPLIN

Moderately

Do, do, do, ___ doot. Do, do, do, ___ doot. Do, do, do, ___

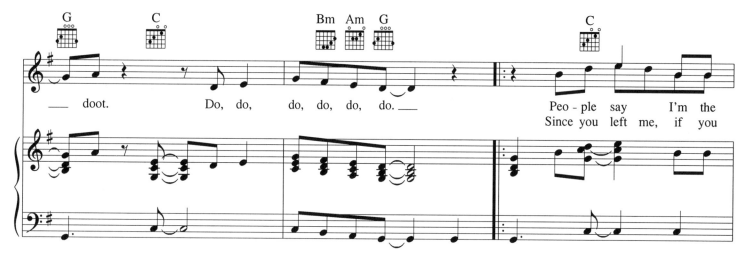

___ doot. Do, do, do, do, do, do. ___ Peo - ple say I'm the
Since you left me, if you

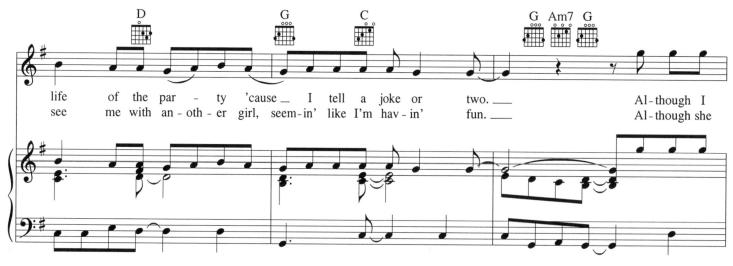

life of the par - ty 'cause ___ I tell a joke or two. ___ Al - though I
see me with an - oth - er girl, seem - in' like I'm hav - in' fun. ___ Al - though she

might be _____ laugh - in' loud _____ and heart - y,
may be _____ cute, she's just a sub - sti - tute be - cause

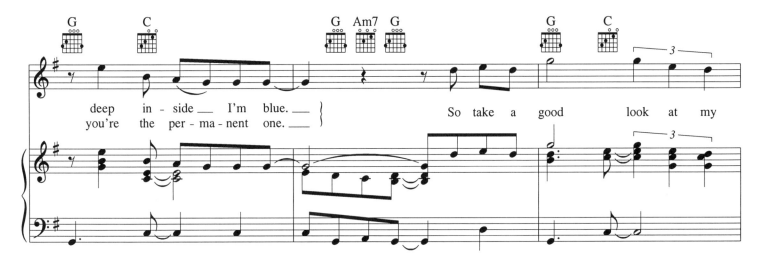

deep in - side ___ I'm blue. ___ } So take a good look at my
you're the per - ma - nent one. ___ }

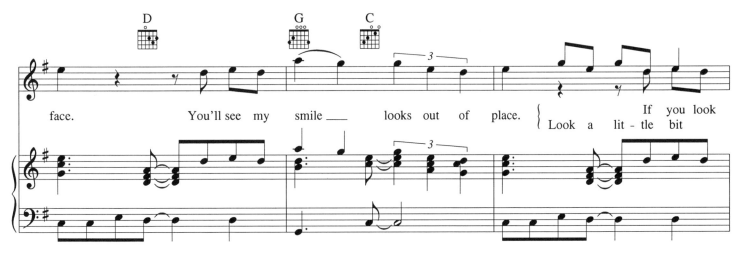

face. You'll see my smile ___ looks out of place. { If you look
Look a lit - tle bit

clos - er } it's eas - y to trace the tracks of ___ my _____ tears. ___
clos - er, }

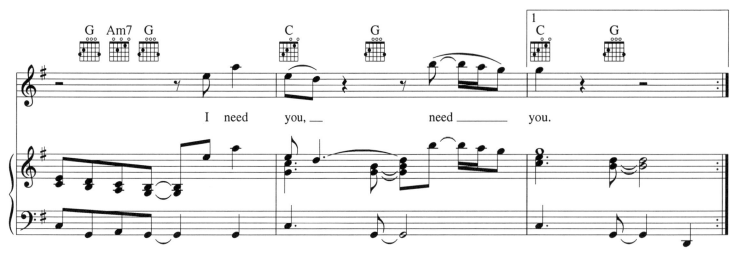

I need you, __ need _____ you.

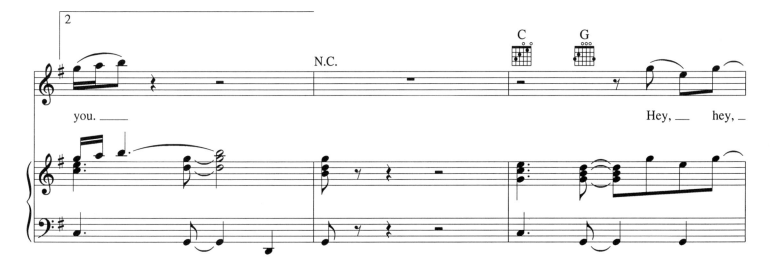

you. _____

Hey, __ hey, __

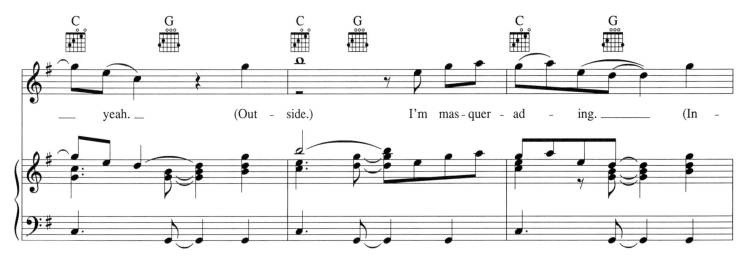

__ yeah. __ (Out - side.) I'm mas-quer-ad - ing. _____ (In -

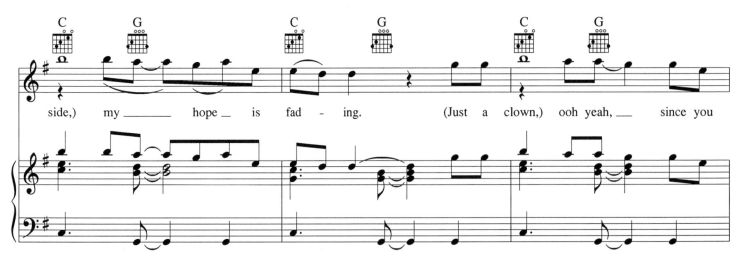

side,) my _____ hope _ is fad - ing. (Just a clown,) ooh yeah, __ since you

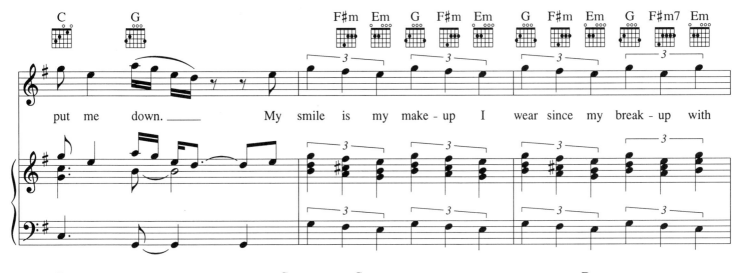

put me down. _____ My smile is my make-up I wear since my break-up with

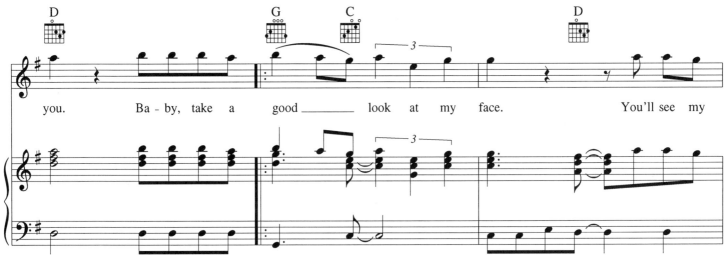

you. Ba-by, take a good _____ look at my face. You'll see my

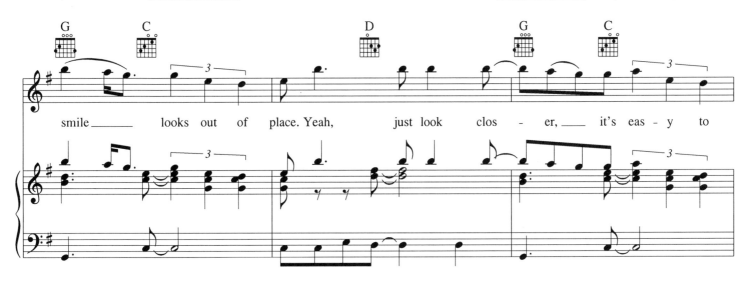

smile _____ looks out of place. Yeah, just look clos-er, _____ it's eas-y to

Repeat and Fade

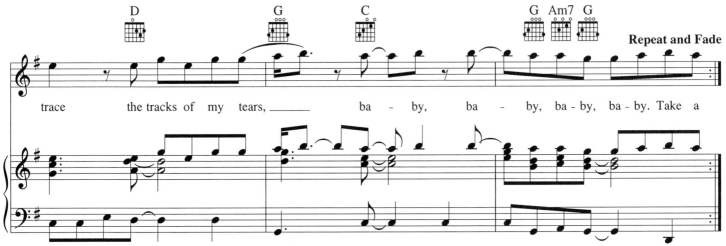

trace the tracks of my tears, _____ ba-by, ba-by, ba-by, ba-by. Take a

VISION OF LOVE

Words and Music by MARIAH CAREY
and BEN MARGULIES

I had a vi-sion of love ____ and it was all that you've giv-en to

me. ____ I had a vi-sion of love ____ and it was all ____

Freely

no chord

A tempo

that you turned out _ to be, ____

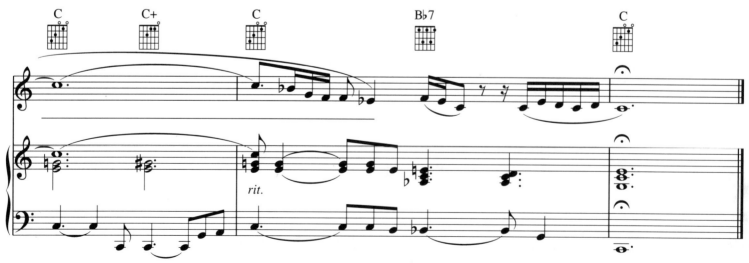

rit.

WAR

Words and Music by NORMAN WHITFIELD
and BARRETT STRONG

Slow Rock (with double time feel)

1. War,   Uh!   What is it
2.,3. *(See additional lyrics)*

good __ for?__ Ab - so - lute - ly *noth - ing.*   War,   Uh!

What is it good __ for? _____ Ab - so - lute - ly

Fm

War means tears ___ in thou - sands of mo-thers' eyes ___ when their

Fade on last repeat

sons go out to fight _ and lose _ their ___ lives. ___ I said

Additional Lyrics

2. War, uh! What is it good for? Absolutely nothing; say it again;
   War, uh! What is it good for? Absolutely nothing.
   War, it's nothing but a heartbreaker; War, friend only to the undertaker.
   War is an enemy to all mankind. The thought of war blows my mind.
   War has caused unrest within the younger generation;
   Induction then destruction, who wants to die? Ah
   War, uh um; What is it good for? You tell me nothing, um!
   War, uh! What is it good for? Absolutely nothing.
   Good God, war, it's nothing but a heartbreaker;
   War, friend only to the undertaker;

3. Wars have shattered many a young man's dreams;
   Made him disabled, bitter and mean.
   Life is much too short and precious to spend fighting wars each day.
   War can't give life, it can only take it away. Ah
   War, Uh um! What is it good for? Absolutely nothing, um.
   War, good God almighty, listen, what is it good for? Absolutely nothing, yeah.
   War, it's nothing but a heartbreaker; War, friend only to the undertaker.
   Peace, love and understanding, tell me is there no place for them today?
   They say we must fight to keep our freedom, but Lord knows it's gotta be a better way.
   I say war, uh um, yeah, yeah. What is it good for? Absolutely nothing; say it again;
   War, yea, yea, yea, yea, what is it good for? Absolutely nothing; say it again;
   War, nothing but a heartbreaker; What is it good for? Friend only to the undertaker.....
   (Fade)

WORKING IN THE COAL MINE

Words and Music by
ALLEN TOUSSAINT

Moderately fast

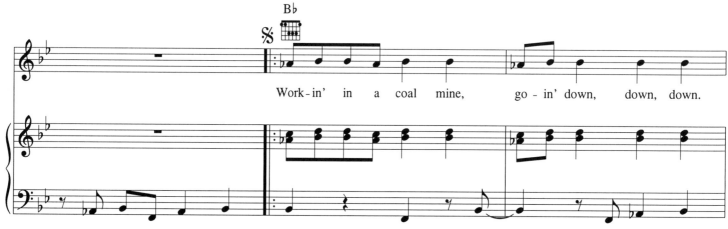

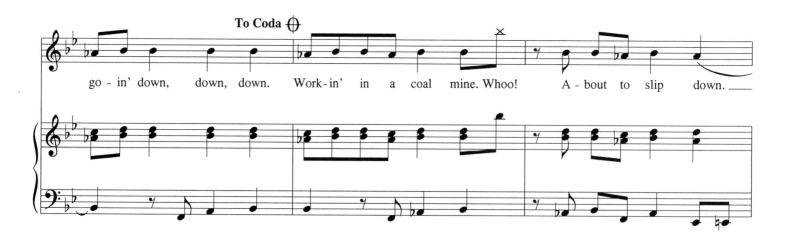

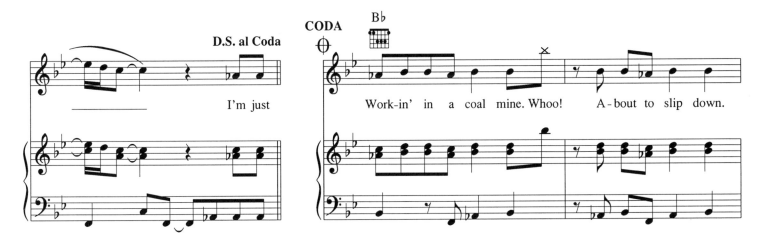

WE'RE IN THIS LOVE TOGETHER

Words and Music by ROGER MURRAH
and KEITH STEGALL

It's like a dia-mond ring,__ it's a pre-cious thing,__
It's like a rain-y night__ and__ can-dle-light,__

and we nev-__ er want to
and ooh,_____ it's so ro-

WHAT'S GOING ON

Words and Music by MARVIN GAYE,
AL CLEVELAND and RENALDO BENSON

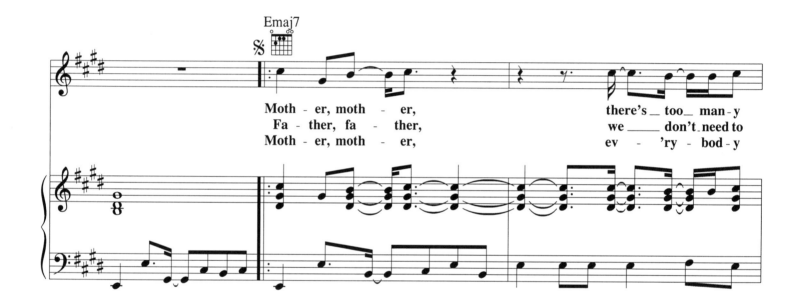

Moth - er, moth - er,
Fa - ther, fa - ther,
Moth - er, moth - er,

there's ___ too ___ man - y
we _____ don't need to
ev - 'ry - bod - y

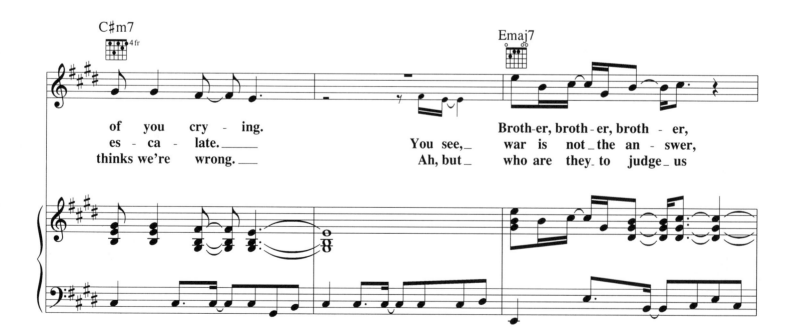

of you cry - ing.
es - ca - late. _____
thinks we're wrong. ___

You see, _
Ah, but _

Broth-er, broth - er, broth - er,
war is not _ the an - swer,
who are they _ to judge _ us

ah, ah.

I, yi, yi, yi, yi, yi, yi, ya, ya, ya, ya.

I, yi, yi, yi, yi, yi, ya, ya, ya, ya, ya.

A/B

Be, doot, de __ doot; Be, __ be, be, __ doot; Be __ be, be, __ doot;

D.S. al Coda

Bu, doot, be, __ be, be, __ doot; Be __ be, be, __ be, be, __ doot.

C#m7

Am9

CODA

go - ing on, __ ooh, __ ooh. __

I, __ yi, yi, yi, __ yi, yi, __ yi, ya, __

ya, ya, ya.

I, yi, yi, yi, yi, yi, ya, ya, ya, ya, ya.

A/B

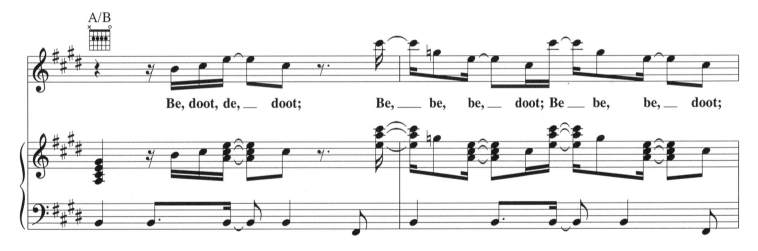

Be, doot, de, doot; Be, be, be, doot; Be be, be, doot;

Repeat and Fade

Bu, doot, be, be, be, doot; Be be, be, be, be, doot. Ooh,

YOU KEEP ME HANGIN' ON

Words and Music by EDWARD HOLLAND,
LAMONT DOZIER and BRIAN HOLLAND

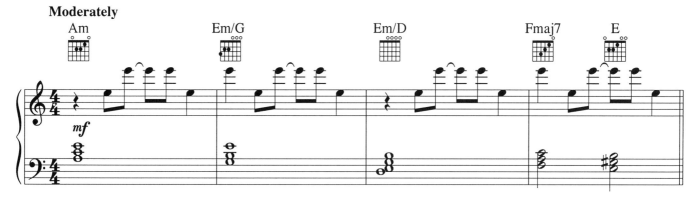

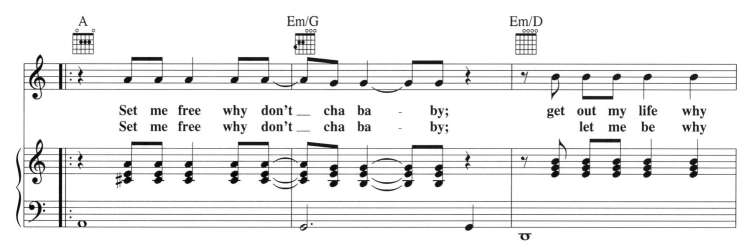

Set me free why don't __ cha ba - by; get out my life why
Set me free why don't __ cha ba - by; let me be why

don't cha ba - by, 'cause you don't __ real - ly love __ me. You just keep __
don't cha ba - by, 'cause you don't __ real - ly love __ me. You just keep __

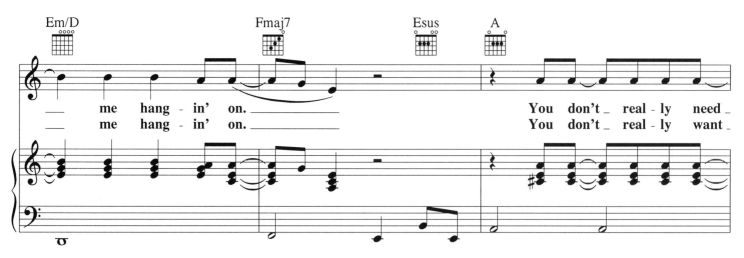

__ me hang - in' on. _____ You don't __ real - ly need __
__ me hang - in' on. _____ You don't __ real - ly want __

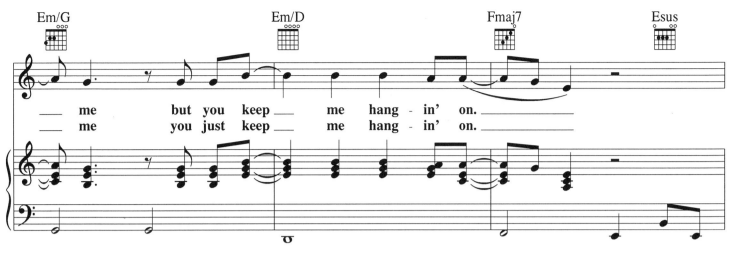

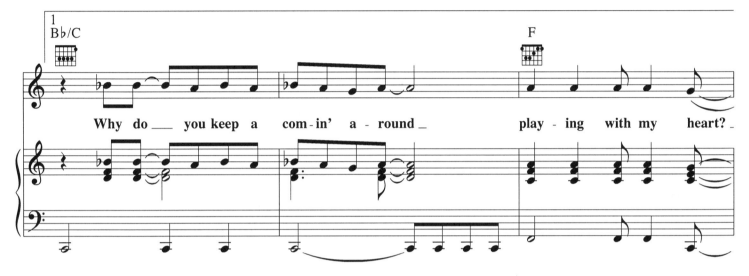

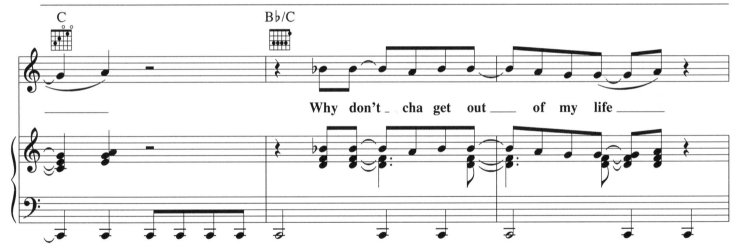

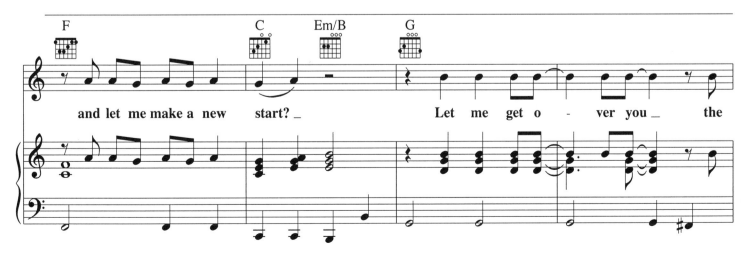

way you've got-ten o-ver me. _____ You say ___ al-though ___

we ___ broke up ___ you still wan-na be just friends.

But how can we still ___ be friends ___ when see-ing you on - ly breaks my

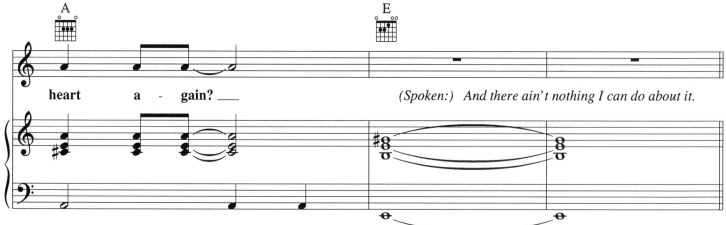

heart a - gain? ___ *(Spoken:) And there ain't nothing I can do about it.*

You don't want me for ___ your-self ___ so let me find some-bod - y else. ___

Why don't _ cha be a man a - bout _ it

and set ___ me free. _____ Now you don't _ care a

thing a - bout me, _____ you're just us - ing me. _____ Boy,

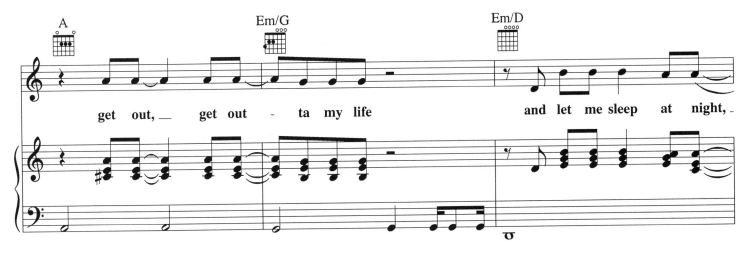

get out, __ get out - ta my life and let me sleep at night, _

'cause you don't _ real - ly love _ me, you just keep _

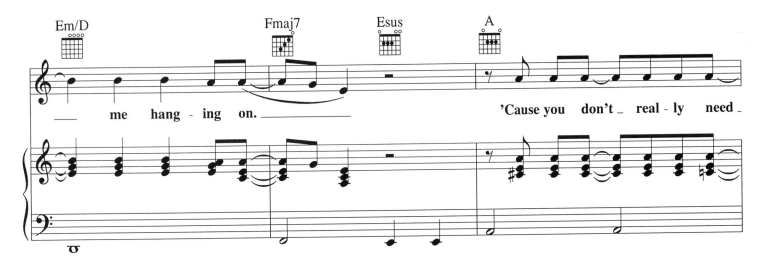

_ me hang - ing on. _____ 'Cause you don't _ real - ly need _

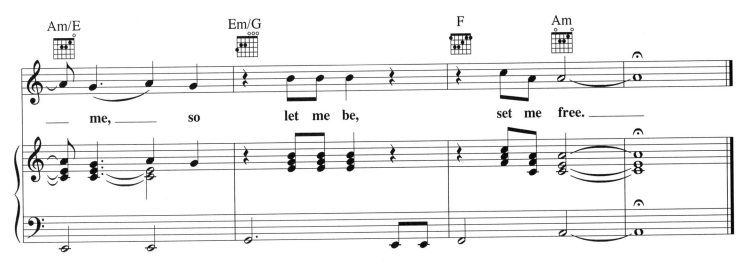

_ me, _ so let me be, set me free. ___

You've Really Got A Hold On Me

Words and Music by
WILLIAM "SMOKEY" ROBINSON

I
I don't___ like you,___ but I___ love you;
I don't___ want you,___ but I___ need you;
I wan-na leave you,___ don't wan-na stay here;

Seems that I'm al-ways___ think-ing of you.___
Don't wan-na kiss you,___ but I___ need to.___
Don't wan-na spend___ an-oth-er day here.

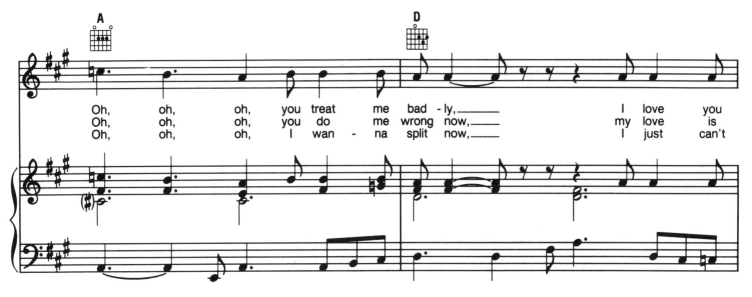

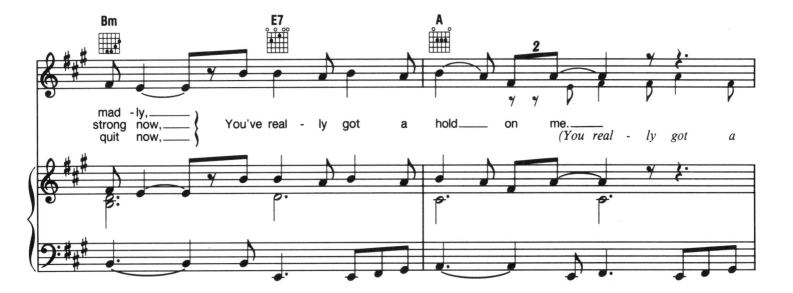

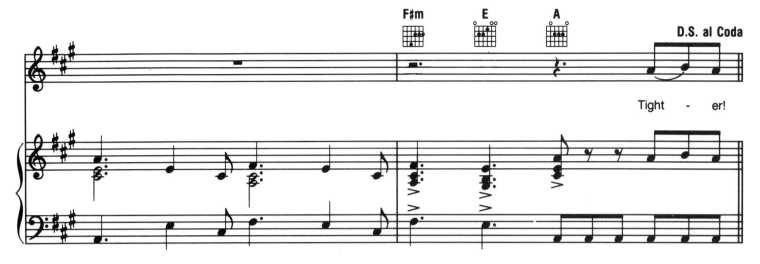

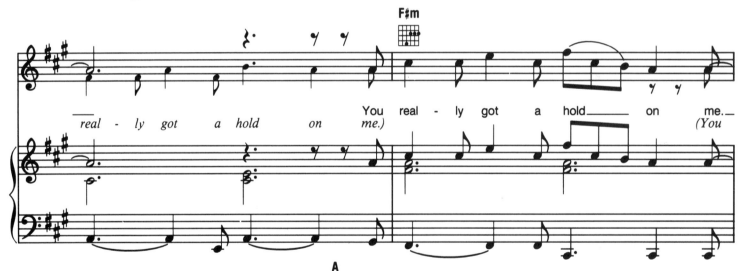

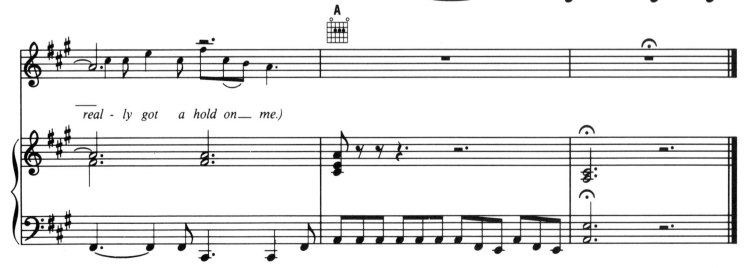

You Give Good Love

Words and Music by
LA FORREST "LA LA" COPE

1. I found out what I've been miss-ing, al-ways on the run.

I've been look-ing for some-one.

MCA music publishing